陈春花管理经典丛书阅读地图

❶ 理解管理的必修课

- **《经营的本质》**

    理解经营的本质,让企业无论在顺境还是逆境中都能获得盈利和增长。

- **《管理的常识:让管理发挥绩效的 8 个基本概念》**

    走上管理岗位的第一课,写给所有下决心不在工作中折磨自己和下属的人。

- **《回归营销基本层面》**

    营销不能模仿和跟风,你需要回归营销的基本层面,面对市场,选择合适的时间、合适的点做合适的事情。

- **《激活个体:互联网时代的组织管理新范式》**

    个体崛起的时代,管理需要激活个人价值,这是当下企业保持活力的根本。

- **《中国管理问题 10 大解析》**

    作者甄选了对中国企业最重要的 10 个问题,结合经过验证的西方经典管理理论,从中国管理的实践出发,用全新的理解表达。

❷ 向卓越企业学习

- **《领先之道》**

  陈春花教授里程碑式作品，诺贝尔经济学奖得主迈克尔·斯宾塞倾力推荐。中国本土的《基业长青》。第一部不以西方管理模式为参考，专注于研究中国自身理论，正面展示中国极具代表性的企业从起步到领先的商业成功精髓。

- **《高成长企业组织与文化创新》**

  成功虽不可复制，但高速成长的企业背后都有其共性的核心要素：组织和文化构筑的内部能力。

- **《中国领先企业管理思想研究》**

  本书探讨了领先企业的本土管理思想基因、共性价值观，帮助中国企业扎根本土，迈向卓越。

❸ 构筑增长的基础

- **《成为价值型企业》**

  持续增长是企业面临的永恒话题，不管业绩如何，你都可以将企业打造成价值型企业，获得持续增长的动力。

- **《争夺价值链》**

  未来的竞争，不再是企业个体的单打独斗，而应联合上下游的合作伙伴，构筑一条资源共享的价值链，形成合力打天下。

- **《超越竞争：微利时代的经营模式》**

  过度关注竞争对手是很大的误区，竞争的目的是远离竞争、超越竞争。

- **《冬天的作为：企业如何逆境增长》**

  危机和增长是一对孪生兄弟，危机让市场富有变化，而变化正是增长的机遇。

- **《激活组织：从个体价值到集合智慧》**

  英雄辈出的时代，组织平台需要激活，它将聚合个体智慧，创造更大的集体价值，以应对变化，能留住人才。

- 《协同：数字化时代组织效率的本质》

  企业是一个整体，协同才能共生、共赢。内破"部门墙"，外拓"企业边界"，协同组织内外，以系统效率共创价值。

❹ 文化夯实根基

- 《从理念到行为习惯：企业文化管理》

  打造企业文化之前，先要理解什么是真正的企业文化，其一切努力就是将理念转化成行为。企业真正的存在并非财资的积累，而是拥有一支具有自觉行为习惯的员工队伍。

- 《企业文化塑造》

  一本企业文化修炼指南，从这些基本理论入手，构建属于自己的企业文化，或者进行一场实实在在的文化变革，使企业永葆竞争力。

❺ 底层逻辑

- 《我读管理经典》

  一部百年管理经典的导读，梳理了管理的根基和成长脉络，是学习管理经典的罗盘。

- 《经济发展与价值选择》

  本书既是一项哲学问题的研究，也是一场与作者的心灵对话，将帮助你走出价值困惑，积极探寻人生的价值。

❻ 企业转型与变革

- 《改变是组织最大的资产：新希望六和转型实务》

  转型是企业保持生命力的必然选择，既要保持公司现有业务竞争力，又要为长远发展奠定基础，这种改变将成为一个组织很大的资产。

- 《共识：与经理人的九封交流信》

  唯有上下同欲，才会取得转型的效果，因此必须找到达成共识的方式，让上上下下的同事可以完全、清晰以及无误地倾听到公司的声音。

陈春花管理经典 **珍藏版**

我读管理经典

Classics of Management

陈春花 ◎ 著

图书在版编目（CIP）数据

我读管理经典（珍藏版）/ 陈春花著 . —北京：机械工业出版社，2016.9（2021.10 重印）

（陈春花管理经典）

ISBN 978-7-111-54659-7

I. 我… II. 陈… III. 管理学－研究 IV. C93

中国版本图书馆 CIP 数据核字（2016）第 200954 号

我读管理经典（珍藏版）

出版发行：机械工业出版社（北京市西城区百万庄大街 22 号 邮政编码：100037）

责任编辑：程 琨   责任校对：殷 虹

印   刷：北京市荣盛彩色印刷有限公司   版   次：2021 年 10 月第 1 版第 13 次印刷

开   本：170mm×242mm 1/16   印   张：12.25（含 0.25 印张插页）

书   号：ISBN 978-7-111-54659-7   定   价：45.00 元

凡购本书，如有缺页、倒页、脱页，由本社发行部调换

客服热线：（010）68995261 88361066   投稿热线：（010）88379007

购书热线：（010）68326294 88379649 68995259   读者信箱：hzjg@hzbook.com

版权所有·侵权必究

封底无防伪标均为盗版

本书法律顾问：北京大成律师事务所 韩光 / 邹晓东

CONTENTS

目　录

总　序　**比使命更重要的是行动**
推荐序　**华章，一个邂逅经典的地方**
前　言　**管理是经典而非时尚**

上篇　管理的本质：效率　　001

第1章　劳动生产率　　003

泰勒与劳动生产率　《科学管理原理》　　004

第2章　组织效率　　011

福列特的四个管理基本原理　《福列特论管理》　　012
法约尔与组织效率最大化　《工业管理与一般管理》　　021
韦伯与现代组织管理　《社会组织与经济组织理论》　　027
管理行为中的有限理性判断　《管理行为》　　033
我们常常关注组织而忽略个体　《组织与管理》　　040

第3章　人的效率　　049

人际关系中关键活动是激励人　《工业文明的社会问题》　　050
巴纳德的意义和经理人员的意义　《经理人员的职能》　　057

领导方式的有效性取决于环境条件 《让工作适合管理者》 067

如何有效地激发员工的工作积极性 《再论如何激励员工》 072

人的潜能和价值 《人类激励理论》 078

下篇　管理的特征：结果评价　　　　　　　083

第 4 章　企业管理基本原理　　　　　　　085

管理者必须卓有成效 《卓有成效的管理者》 086

管理实践的基本原理 "彼得·德鲁克先生管理系列" 092

企业是什么 《管理的实践》 106

创新需转化为行动及结果 《创新与企业家精神》 110

第 5 章　企业管理的领域　　　　　　　115

在合适的时间做合适的事情 《营销原理》 116

竞争力与组织管理的关系 《Z 理论》 128

远离竞争 《竞争战略》 134

产品意图 《竞争大未来》 143

重塑企业的经营 《营销想象力》 150

选择成就卓越 《选择卓越》 157

如何让管理者胜任 《领导梯队》 162

FOREWORD
总 序

比使命更重要的是行动

最近，管理学一级期刊 Academy of Management Journal（AMJ）的许多编辑发表了一篇号召研究学者提出更多适合东方情境的管理理论及构念的文章。这篇文章回顾了近几十年发表的管理学文章在理论创新及贡献上的不足以及对西方理论过度偏重的情况，分析了东方与西方社会在管理情境上的一些不同之处，呼吁更多产生于东方式独特管理情境、能够解决社会实际突出问题的创新性理论及构念。

自己在管理学研究领域已经走过了20多年，其实AMJ编辑关注的话题，也是我一直关注的话题，我总是感觉中国管理研究没有如中国企业实践那样做出自己应有的贡献，中国管理研究学者也没有如中国企业家那样勇于拿出自己的观点以及创造出自己的价值。

在我自己的认知里，管理研究贡献价值需要三个条件：一是企业实践的优秀案例；二是对重大规律性问题的认识；三是人文关怀。这三个条件在过去30多年中国改革开放的实践中，已经显现出来，或者可以说中国管理研究贡献价值的基本条件已经具备，但是为什么中国管理研究本身却没有同步创造价值呢？有人认为是语境的问题，有人认为是研究范式的问题，这些也许是问题，但是我觉得其核心问题是中国管理领域"知"与"行"脱节的问题。

最有意思的现象是，管理学者研究的话题只是去满足西方管理期刊的要求，并不理会现实的中国企业所面对的困难与挑战。企业家与经理人回到商学院读书，更重要的目的是结识人际网络与构建新的商业机会，甚至一些成功的企业家在公众传播中直接表明观点，认为经济学家、商学院教授没有用。我不想去评价谁对谁错，客观存在的现实是，管理学者的研究与企业家的实践之间有着一个巨大的鸿沟，管理学研究成果企业家并不去在意，企业家青睐的期刊和书籍，管理学者也不屑一顾，这种现象本身就可以说明问题。

德鲁克精辟地阐述了管理的本质："管理是一种实践，其本质不在于知，而在于行；其验证不在于逻辑，而在于成果；其唯一的权威性就是成就。"管理经典正是源自于对管理实践的关注与洞察，并通过与实践的互动来引领实践，此即管理经典的实践性。基于这一特征，这些经典的研究成果在两个关键方面为我们的管理实践和管理研究贡献了价值：问题的框定与复杂问题的简单化。我们始终可以受益于那些引领管理实践变化并创造出无数价值的经典研究成果：泰勒的科学管理原理解决了劳动效率最大化的问题，韦伯的行政组织与法约尔的管理原则解决了组织效率最大化的问题，赫茨伯格的双因素理论解决了激励与满足感之间的关系问题，波特的竞争战略解决了如何获得企业竞争优势的问题，德鲁克让我们了解到知识员工的问题。这些经久的研究，正是基于对管理实践中重大问题的提炼，与西方企业有效的互动，带动了西方管理实践的高速发展，并引领了世界管理的方向。

如果我们所有人可以回到最基本的问题上思考，可能所有的问题都变得很简单。从这个意义上讲，在近百年的管理实践中，不管外界环境如何变迁，科学技术生产力如何发展，管理大师在那些经典研究成果中所提出来的管理问题依然存在，他们所总结的管理经验依然有益，他们所研究的管理逻辑依然普遍，他们所创造的管理方法依然有效。这一切首先基于这些研究都是面向管理实践的，其实践性的本质决定了这些研究对管理实践活动的深刻洞察和归纳提炼，从而推动实践成效的提升。因此，实践性正是这些经典管理研究成果的价值贡献的首要内涵。

管理一定是来源于实践的，没有管理实践的成效，我们无法真正获得管理经验的总结和理论。因此，中国管理学领域的学者需要从事更多的启蒙工作、学习的工作，把西方的管理理论传送到中国企业的管理实践。

无论是管理实践还是管理研究，很多人非常努力地在尝试着新的管理理论。20 世纪 40 年代，人际关系训练被看作是组织成功的关键；50 年代，德鲁克提出的目标管理理论又被视为解决管理问题的新方法；进入 70 年代，我们看到了企业战略；90 年代，随着电子信息技术的进步，更多的新方法层出不穷。当进入 21 世纪的时候，我们认为管理创新理论引领变化。其实这些都是非常重要的，因为对于中国企业来讲，所有的管理理论和方法都是需要面对和接受的。但是，我们往往无奈地发现中国企业活得很苦，因为付出非常多却没能得到相应的回报。这其中的根本问题就是管理的基本到底是什么？我们的管理发挥了什么作用？当我们对管理的基本理解不够的时候，后面所有的东西都是没有价值的。

管理的目的是为了提升效率，这是德鲁克和我们的共识。也就是说，管理从根本意义上是解决效率的问题。那么，我们的效率从哪里来？管理的逻辑如何？这是我们今天遇到的问题。从管理演变的历史来看，管理演变的第一个阶段是科学管理阶段，代表人物是泰勒，这个阶段所解决的问题就是如何使劳动效率最大化；管理演变的第二个阶段是行政组织管理阶段，代表人物是韦伯和法约尔，这个阶段解决的问题就是如何使组织效率最大化；管理演变的第三个阶段是人力资源管理阶段，包括人际关系理论和人力资源理论，这个阶段解决的问题就是如何使个人效率最大化。因此，如果对管理所谈的效率做细致的划分，就是劳动效率、组织效率和个人效率。先解决劳动效率，然后解决组织效率和个人效率，当顺序颠倒时我们会发现管理无效。因为个人效率需要支付条件，而支付条件是需要组织给出的，如果没有劳动生产力的产出就不可能有组织效率，没有组织效率就不可能有个人效率。

选择泰勒、法约尔、福列特的经典研究成果，是因为我们对管理理论研究的一个认识：管理理论研究的命题来源于对重大实践问题的认识。泰勒正是认识到提高工人劳动生产率是极其重大的问题，才有了以分工理论为核心的科学管理理论。法约尔正是关注到组织效率的问题，才有了一般管理的 5 个要素和 14 条原则。福列特则是前瞻性地关注到了科学管理中被忽视的人性因素的相关问题，通过在企业管理咨询的实践中对现实进行细致的观察和研究，从而在发挥个人效率的问题上为我们提供了启示。回顾这些管理经典时我们发现，管理大师回答了对管理的最基本理解：效率。正是这样的理论研究，推动了西方近现代的高速发展。

做了一个管理理论演变的梳理和回顾，只是想说明"知"与"行"之间是完全合一的，如果无法做到这一点，只能是知与行未做到位。只能说管理学者对实践的问题并未观察到位，只能说明立志于从事管理研究的学生与学者，没有要求自己成为一个时代问题的密切观察者，没有让自己融入社会实践中，没有走到企业中去，没有亲身经历一些组织的变革与挑战，所以无法发现问题、无法贡献有价值的研究。

中国传统哲学，一直在讨论"无为"与"有为"的问题，古人有言"天下同归而殊途，一致而百虑"，老子说"无为而治"，《金刚经》说"圣贤皆以无为法而有差别"。你会发现，哪怕是谈论"无为"，也是为了"有为"。

儒家的思想是把欲望控制在一定范围之内，孔子因此删诗书、定礼乐。在孔子生活的时代，各诸侯国之间不断打仗，根本没有一个安定的环境，但是对于文化而言，如果没有安定的社会基础是很难保存的。因此，孔子为了保存宝贵的文化遗产，删诗书、定礼乐，教书授徒。

孔子有七十二贤人，三千弟子，这些弟子后来都成了文化的主将，为中华文化的发展做出了巨大的贡献。孔子删诗书、定礼乐，就能保存文化了吗？我想是的，因为诗书礼乐是文化的形式，如果没有一定的形式，任何一个事物也难以保存。汉代班固《汉书·艺文志》上说"六艺之文，乐以和神，仁之表也；诗以正言，义之用也；礼以明体，明者著见，故无训也。书以广听，知之术也；春秋以断事，信之符也"。因此，孔子在战事纷纷的年代要保存一些规范，从而达到延续文化的目的。

但是，规范只是形式而已，它不是文化的精义所在，重要的是在于对规范目的的体认。倘若没有体认到规范的目的，规范则会变成累赘和负担，且会限制人们。可以说，对目的的体认要通过规范，但不能限于规范。这也是孔子的目的所在。因此，孔子提出"仁义礼智信""温良恭俭让""忠孝仁义"，这些都是规范，也可以说是教条。

孔子并不像宋儒以及后世所刻画的那样死板，他的生活是充满欢乐和幽默的。这一点，如果贯通起来看，而不是读格言似的，读一下《论语》就能体会得到。孔子说"吾道一以贯之"，这个"一"就是他的目的。倘若明白了它，则会觉得规范不是呆板的，而是活动的，又是"不逾矩"的，所谓"自然而然"地合于"道"。可惜，后世往往把规范看得最高，也看成是最终的。这让我联想到一些研究论文，几乎都是符合规范却没有意义和价值。

因此，把对规范"度"的把握放在第二位，正是孔子所说的"智者过之，愚者不及"而"过犹不及"的错误，把"仁义道德"变成了一种枷锁，导致了人们的唾弃，以致出现了"五四"时期对传统文化的冲击。这个错误不在孔子，而应在于后世对孔子思想的曲解。我觉得，很有必要重新审视一下传统文化，挖掘出传统文化的精义所在。从某种意义上来说，把欲望控制在一定范围内，也即规范的存在是非常重要的，只是我们要怎样理解的问题。

道家讲"清静无为"，不理会欲望。为什么？因为人总在追求之中，倘若因此而不断奔波，则永不能"清静"，因此，道家要求人们"虚无"，把欲望淡漠，不去管它，从而达到"清静无染"。应该说，这也是儒家的目的。但是，倘若青年之初就讲"清静无为"，很容易导致散乱，一切都不在乎。真正的道家是"无为而无不为"的，这个"无为"不是什么事都不干，而是能认清时代的潮流，从而能"无不为"。因此，道家的目的是好的，但必须从扎实的规范做起。

佛家要求认清欲望的面目，从而"止于所当止，发于所当发"，也就是不但对规范要认清，对它的目的也要认清，从而能够正确、合理地处理一些事情。但是，倘若认不清呢？只有从规范做起。

因此，可以说规范是初步的必经之路，故而圣人都提出所谓的"戒律"。只是我们不能体会到戒律的目的而执着于戒律了，或对它认识不够而废弃了戒律，从而导致了一些弊病。

正如班固所说"及刻者为之，则无教化，去仁爱，专任刑法而欲以致治，至于残害至亲，伤恩薄厚"，西方社会就有这种倾向。因此，"度"的把握非常重要。最好是能够知道什么时候该怎么办，但这很难。正如释家所说，"因人施教"，首先要自己眼光正确，能指出别人或社会的弊端，并能提出解决的办法。

在治世方面，儒、道两家的思想比较突出。儒家是"一以贯之"，也就是一种"傲骨"。不论在什么情况下，社会安定也好，混乱也好，总希望尽自己的心力拯救社会，"救世济人"，所以国破家亡时往往有儒家的忠臣出现。孔子就是"知其不可为而为之"的例子，这是儒家的观点。道家的思想则主要在乱世时方能显示，我们看历史也会发现，每当社会安定了，儒家思想必定被重新召起，因为这是社会安定治理的必由之路，而到了乱世，道家思想则占上风。道家思想善于把握关键，能把时代的洪流疏导，在洪流的下游挖一些渠道，从而能比较容易地处治它，事半功倍，"无为而无不为"，这是一种好办法。但这洪流冲击力的大小，我们怎样判断呢？也就是我们怎样决断我们用什么方法呢？这不仅需要多读历史书，因历史有重演的味道，孔子也说"温故而知新"，还要善于观察社会，从而达到"因人施教"，事半功倍。

知行合一不仅是一种理想，更应该是一种行动习惯，无论是我们的先贤，还是近现代西方管理大师，他们的贡献可以引领我们去完成属于我们的时代使命，而比使命更重要的是行动。

西方发达国家的实践所总结出的管理理论，启蒙了包括我在内的中国企业经营者与管理研究学者，我们花了整整 20 年引进、学习与消化，同时运用到中国企业管理实践中。正是这 20 年学习的努力，终于在今天，中国领先企业站到了世界舞台上，并逐步成为全球领先者，伴随而来的，就是中国管理研究领域，也会有机会站在世界舞台上，并成为引领者。

"每一代人都需要新的革命。"托马斯·杰斐逊留下了这样的遗嘱，它令一代又一代不同国籍与文化背景的人激动。对于我而言，正是这个时代，赋予一个中国企业蓬勃发展的机遇，整整一代中国企业家与中国企业的崛起与发展，让全世界各地的人看到一个生机勃勃、日益强大的中国。当我可以置身于这鲜活之中，中国企业以及企业家所尝试、探索、学习以及创新的实践，充盈了每个研究的话题，预示着可能出现的崭新理论，投身其中，让我有着取之不尽的源泉。所以从我踏入管理学研究领域那一天开始，整整 20 年的见证，让我能够一次又一次地去寻找属于中国领先企业的研究价值，才有了这些作品呈现给大家。

感谢机械工业出版社及华章公司，感谢前总经理周中华、副总经理王磊、前副总经理张渝涓女士 10 年来的一贯支持；感谢我的策划编辑袁璐先生细致而又全面的帮助，在我写作过程中经常与我讨论和交流；感谢程琨编辑极为仔细、认真地为丛书的每本书校对；感谢在过去 20 多年的时间里，愿意与我一起深入研究的那些领先的中国企业、企业家及团队成员，如新希望、美的、TCL、华为、广东威创、创维、南方航空、星光集团等，他们的成长时间以及持续的发展，让我得以在实践的第一线真切理解和感受；感谢一直陪伴着我的研究伙伴，如曹洲涛、乐国林、赵海然、刘祯、宋一晓、马胜辉、陈鸿志等；感谢引领我的两位导师苏东水教授、赵曙明教授，正是你们的引领与陪伴，我才可以坚持做下去；感谢我所遇到的所有学生，你们的实践、疑惑以及勇气给了我驱动力量；感谢华南理工大学、新加坡国立大学、北京大学三所大学给了我滋养的支持；最后感谢我的家人，他们一直默默地支持，才会让我毫无顾虑地去做各种尝试。

感恩在我从教 30 周年的日子里，机械工业出版社及华章公司帮助我整理和出版了这套丛书，虽然这不是我过去 30 年所研究和写作的全部，但是已经是我渴望付出价值的最重要的部分。当这套丛书出版后，我知道，自己依然会伴随着中国企业的成长，继续我的成长与追求。

在这代人的记忆中，这个时代意味着一个单纯与乐观的年代，也是一个创新与超越的时代，新事物蜂拥而来，任何尝试都可能获得某种成功。商业和企业的成长对中国的重要意义并非在于它摧毁了一个旧传统，而在于它在建立一个新世界；实践与理论的贡献对中国的重要意义不仅仅是总结出自己的理论，更是管理提升与人类进步的新组成部分。如果说由荆棘丛生的荒原构成的中国商业世界，更需要雄心勃勃的梦想者与开拓者，那么已经站在世界舞台上的中国企业实践，更需要肩负使命的行动者与创造者。

陈春花

2016 年 8 月 9 日于北京

FOREWORD
推荐序

华章，一个邂逅经典的地方

我是一个理工男，一个读书人，读了半辈子书，做了20多年的出版，书读得越多，反而越发觉得自己无知，而这种无知，是大师德鲁克先生所述的"有意识"无知，正是因为"意识"到"无知"，我才决定放弃从政之路，一心与书为伴，安心从事出版。从业20余载，其间十年苦读，甘为学徒，师从的是国内外的诸位大师。我的学徒生涯并不是在课堂里，而是在大师们的作品中学习，是在每个深夜与清晨，在书桌旁、在飞机上、在灯下，在跃动的字里行间与大师神交，接受触及内心与灵魂的洗涤，聆听大师们鲜活的历史与故事。

读书是个苦差事，在动荡而浮躁的年代尤其如此。我们恰好就生活在一个这样的时代，这既是一个充满激变与机遇的时代，也是一个充满不确定与困惑的时代，我们的组织在为方向困惑，我们的个人也在为未来疑惑。因此，我们都有种莫名的焦虑，都在担心因为走错一步而与稍纵即逝的机会擦肩而过。但在这样的时代，最该做的，也是最难做的，却依然是静下心来阅读。

读书需要勤奋。孜孜不倦地积跬步，经年累月，终以至千里。但书海无涯，人生有限，面对知识的汪洋，仅有勤奋，依然会迷失，因此我们必须有所取舍，我们需要系统性的阅读、需要思考与实践，更需要灯塔与罗盘来寻找方向。

读书的困惑。读什么书、怎样读书是经营者、职业经理人、企业家经常问我的问题,他们希望通过阅读,解决企业与管理的难题。时间久了,读书成了一种习惯、一种责任、一种担当,而对这些怀有使命的读书人来说,选择的困扰与支离破碎的阅读使得他们无所适从,甚至焦虑。

大师与经典就是灯塔与罗盘,大师之所以称之为大师,就是因为他们高瞻远瞩;经典之所以称为经典,就是因为足够浓缩而不容错过。握紧这些经过时间考验的真知灼见,才是我们征服知识海洋的唯一捷径。

基于此,华章走过了20载。20年间,我们集结出版了一大批国内外管理、金融、经济、技术的经典大作。在今天的华章,我们不仅能邂逅泰勒、法约尔、熊彼特、德鲁克等这些百年一遇的一代宗师,也能接触到像定位之父特劳特与里斯、营销之父科特勒、经营之神稻盛和夫、精益之父大野耐一、欧洲管理名家马利克,这些属于我们时代的大师。在华章,读者既能享用陈春花、包政、杨斌、赵曙明、刘澜等高端知识生产者亲手烹制的智慧盛宴,也能倾听柳传志、张瑞敏、宁高宁、马蔚华等一流企业家的炉边经营私语。

可以说,华章出版20年,就是在践行德鲁克先生的箴言"不断地搜集、编纂并出版,把经验转为知识,把匠人的手艺转为书籍,把技术秘密转为方法论,把工艺流程转为应用知识",而大师的断代方法也颇耐人寻味:"资源"-"资本"-"知识"社会如此变迁,我笃信"知识"时代已经到来。

很荣幸华章一路上能与一流的管理者、企业家、作译者同行,20年间,我们与国内外学者、企业家不断探索什么是经典、什么是传世之作,在这期间,无数的国内智囊为我们献计献策,梳理经典思想的脉络,而陈春花老师就是其中的佼佼者。陈老师是中国管理学界少有的学者型企业家,是真正践行"知行合一"的研究者与企业家。正是有她的指导、期待并一路相随,才成就了华章的"经典"之路。

与其说策划不如说是心有灵犀,源于读书尤其是读管理书的困扰,才有了陈老师的这本《我读管理经典》。陈老师在书中尝试着用历史观、系统思考的角度来探索管理的本质。陈老师本人就是一位资深的管理学研究者，也深谙把书读薄、读懂、读透的阅读之道，本书是她经年累牍的阅读积累，30年教育工作、20年管理实践的结晶，是一部呕心沥血的诚意之作。

站在大师智慧的肩上的思考与实践，相信中国的企业终会走出国门，屹立世界之巅，华章愿做读书人、企业家孤独前行中的萤火虫，用一点微亮点亮心灵，温暖这个世界。

借此作序之机，感谢所有像陈春花老师一样支持知识的作译者，感谢这些年与华章同行的读者，有了你们，华章出版的经典才有了意义、生机与价值。期待着与天下读书人相约华章，来一次长久的邂逅，在这个最好的时代，让阅读链接彼此，用经典迎接知识的洗礼，我深信，唯有经典不辜负。

周中华

PREFACE
前言

管理是经典而非时尚

与企业界的朋友们在一起讨论管理的问题，常常感受到一些认知的困难，这些困难使我不得不检讨和重新审视：是不是对于规律性的认识不足够？是不是没有把握最基本的内涵？是不是没有了"初心"而忘了"为什么出发"？回答这些问题的一个途径，在我看来是回归经典著作，通过对核心概念和基本知识的理解，去寻找发展中规律性的认识，来生成我们的心智与能力。

华章出版 20 年，其经典著作不断传递给读者，让我受益。苏格拉底认为，知识的唯一功能是自知，促进个人在智力、道德和精神层面的成长，而对禅宗和道家而言，知识也意味着自知，并视其为获取智慧达到顿悟之途。对于知识的意义，东西方先哲不约而同地阐述相同的认知，这也是支持我不断阅读和理解经典著作的驱动力。

今天的管理遇到了什么

这是一个很重要的话题。最近 5 年来我被追问的最多的是，在互联网时代，管理理论是否过时了？比如，《人力资源管理》期刊问了我几个问题，我想这些问题的提出，也一定是大家关注的问题，我尝试着回答给杂志社，现在也附上这些问题以及我对这些问题的回答。

《人力资源管理》编者按

当前，企业的外部战略环境迅速变化，倒逼组织变革，人力资源管理也面临相应的模式创新。旧的人力资源管理逻辑似乎已经不能满足企业需求，一个个有悖于传统的理念被实践者和学者们提出，甚至连拉姆·查兰这样的大师都提出了"分拆人力资源部"。毫无疑问，人力资源管理正处于"变局"之中，但未来这一职能该何去何从，却似乎存在诸多分歧。可以明确的是，早一天梳理清楚这个问题，组织就能早一天实现转型，早一天奔赴未来。鉴于此，我们拟邀请五名国内顶级人力资源管理学者相聚圆桌，共同探讨若干主题，为实践界出谋划策、正本清源。相关主题如下（下面就是问题以及我的答案）。

问：无边界组织。 当前，科层组织似乎越来越跟不上企业灵活对接市场的需求，反而让企业养上了大企业病，决策迟缓，听不到市场的声音。有的企业提出"去中心化""去掉中层""把决策权交给一线"，无边界组织似乎成为了趋势。您认为这种趋势会继续下去吗？这种趋势是互联网产业中新兴企业的专利，还是会蔓延到传统企业？

答："无边界组织"改为"无边界管理"也许会更合适一些。因为组织本身的定义决定了它的属性，关于组织用巴纳德的定义比较容易理解，他说："当两个或两个以上的个人进行合作，即系统地协调彼此间的行为时，在我看来就形成了组织。"如此看来，组织的边界不是形式上的，而是实质上的，那就是"系统协调彼此的行为"。你也可以认为这是组织的边界，不管采用什么样的组织形式，协调行动达成组织目标是根本的属性，所以我更倾向于"无边界管理"而不是"无边界组织"。因为如果要协调彼此的行为，就需要各自承担各自的职责，各自完成各自的任务，每个人需要为组织目标做出贡献。

我认同今天的技术与环境变化，需要为个体创造柔性化的组织平台，需要设计更加扁平化的结构,让个体可以获得更有效的信息、更多的授权,以及更快速的决策效率。这意味着组织需要有好的信息平台、有效的沟通、承担责任以及自律的文化,这些都是让组织更加扁平的基础条件。这些不是互联网新兴企业的专利,而是一个良好组织本身的特点,优秀的传统企业一样可以做到。

问:内部市场化激励。企业似乎越来越重视在内部引入市场的力量,把企业做成市场。海尔的人单合一、稻盛和夫的阿米巴经营、澳洋顺昌的内部公司制、盛大的游戏化管理似乎都是希望打造一种灵活的激励模式。传统的薪酬模式是为能力、岗位和绩效付薪,分为岗位工资、绩效工资和福利三大部分,这种传统模式会被颠覆吗?

答:内部市场化激励是我非常认同的方式。随着个体能力及创新的强化,如何为个体提供直接的价值创造平台,应该是企业激励的一个挑战,而内部市场化刚好可以解决这个问题。在一个需要创新、需要拥抱变化的经营环境中,个体创新成为最重要的方式,这就要求企业能够提供这样的创新平台,也需要企业能够真正帮助到每个个体运用创新提升企业经营的能力和水平,而组织管理的核心命题是价值创造、价值评价、价值分享。前提条件是价值创造能够被激发出来,这就首先要求提供价值创造的平台,所以内部市场化就是实现价值创造的平台。传统的薪酬模式并不会被颠覆,因为不同的个体在组织中需要承担不同的职责,采用什么样的激励方式,取决于价值创造本身,而不是激励方式本身。如果一个职责或者岗位的价值创造,采用传统的薪酬方式已经可以达成共识,能够做到有效的价值评价和价值分享,我相信这种方式依然有效。

问:去人力资源管理。当企业实现了无边界组织和内部市场化交易,人力资源管理似乎就成为了约束资源配置的负担。因为人力资源部不用再去做配置,人才可以自动流入、流动和流出;人力资源部不用再去做激励,人才可以自动经营自己。那么人力资源这项职能应该被删除吗,如同政府放开对于资源配置那只看得见的手?如果人力资源部不应该被删除,那么人力资源部的职能是否应该有新的变化？

答：人力资源部的职责不是狭隘地配置人力资源以及人员激励，在我看来，人力资源部更应该是公司战略实现的保障部门，这就要求人力资源部理解并落实战略所需要的与人相关的一切活动。事实上，企业的人力资源工作是管理者自身的职责而非人力资源部的工作，对于一个管理者来说，他的主要工作就是激发人去实现组织的目标，如何让每个人能够胜任工作并为组织创造价值，这是对管理者基本的要求，也是最高的要求。但是如何能够让管理者有效地发挥自己关于人力资源的职责？这就需要人力资源部提供专业服务，并给予足够的支撑，这种专业的要求不是越来越少，而是越来越多。也许人力资源部未来会更换新的名称，但是这个部门本身是不会被删除的。

问：速成化培训。现在有的企业完全放弃了培训，如拍摄纸牌屋的 Netflix（奈飞公司），它们只和成年人玩，认为培训是员工自己的事。即使在一些继续保持了培训职能的公司，它们对培训也失去了耐心，希望有一种速成的模式，比如，由于知识的快速迭代，很多企业已经放弃了对知识的培训。您认为，企业的培训以后还会是人力资源管理的主要职能吗？如果这项职能被保留，会走向何方？

答：企业如何培训才能够应对今天对知识和能力的要求，的确是人力资源部以及企业都需要面对的挑战。总体上来讲，培训的多元化、多渠道化、多形式化已经成为现实，并且会有越来越多的技术导入到学习与培训中，我甚至无法设想培训会变成什么样子，只是知道培训无论在内容还是形式上都会生发出无数的创新来，真的是很值得期待的事情。但是无论发展的速度有多快，知识和能力的累积是企业必须解决的问题，知识本身可以"拿来主义"，但是也必须是一个"自我更新"的过程，如果不在知识培训和学习上投入，企业无法真正拥有属于企业自己的"知识"，因此这项职能不可能被取消。我还无法去判断未来如何走向，但是有两点肯定是明确的：第一，知识培训一定与技术变化组合在一起；第二，能力培训一定与经营实践组合在一起。把握这两点，可以帮助我们更好地发挥培训的价值。

问：人力资源效能。从 2012 年年底开始，人力资源效能（Human Resource Effectiveness）一词突然引起了实践界的高度关注，老板们似乎希望直接向人力资源管理要结果。这让很多人力资源（HR）不能适应，他们认为人力资源管理是润物细无声，是固本强基，这些要求未免太过苛刻。谁对谁错，您怎么看？

答：人力资源效能一词引起高度关注，是一种非常正常的现象，因为"人力资源"已经转化为"人力资本"，资本的核心是"增值"。企业家或者企业的管理者很清楚地知道，拥有能力和知识的员工不可能是企业的资源，一定是企业的资本，而对待资本的概念，就应该是投入产出的逻辑而非简单地拥有的逻辑。大部分情况下，人们会更加关注员工所创造的价值，员工所带来的企业应对变化的能力，员工所激发出来的创新与创造。这一切都是"效能"的内涵。但是一方面要求 HR 部门能够真正理解"人力资本"概念，也要求企业家能够真正理解"人力资本"概念，双方需要在共识基础上，真正做好员工的价值创造这项工作。另外也要求 HR 部门转变工作方式与逻辑，从以往关注人所带来的成本，转化为关注人所带来的创造力；从以往关注高素质人才的占比，转化为关注高素质人才的成长性。

问：幸福企业与中国式管理。员工幸福感（Employee Well-being）是人力资源管理关注的另一个焦点，海底捞、德胜洋楼、苏州固锝、胖东来等企业都成为了"中国式管理"的标杆，这种不计代价的投入激励，赢得员工的信任，再转化为员工的高绩效，似乎成为了一种自洽的逻辑。但也有人认为这种模式太"左"，是老板打造出来的乌托邦。您认为，这是打造幸福企业的正途吗？这种模式能不能称之为"中国式管理"？

答：员工幸福感是一个我非常喜欢的话题，也安排研究生去做跟踪和研究。特别是海底捞的标杆作用，让很多企业看到了可以学习和借鉴的可能。任何一家企业在构建自己的"员工幸福感"的时候，模式应该都不一样，因为这需要基于企业实际的情况以及拥有的前提条件，所以我不会简单评价这些企业的探索属于哪一种模式，是不是老板打造出来的乌托邦。因为这些都已经是真实的存在，如果从企业管理的角度去看，这样的组织氛围和员工感受是非常不容易得到的，因此非常值得我们学习和借鉴。如果海底捞或者其他企业的模式被世界公认，或者全球同行学习，我认为那的确可以称为"中国式管理"，就如日本创造的"精益制造"。但是，在中国企业还未能成为全球企业标杆的时候，"中国式管理"还未形成。

问：效能和幸福如何平衡？ 近年来，人力资源管理领域的两大热词是"人力资源效能"和"员工幸福感"。两者似乎是一对矛盾：前者关注的是组织获得的回报，关注如何用最少的人形成最大的产出；后者关注的则是员工获得的回报（心理、生理、社会感受），关注的是如何使员工在最少的投入中获得最大的收益。两者在现实中应该如何平衡？

答： 我没有把"效能"和"幸福感"放在对立的层面去思考，反而认为有"效能"才会有"幸福感"。"幸福感"本身就包含着一个人在组织中被认可，拥有组织提供的平台并创造属于自己的价值，后面这三点我想就是"效能"内在的意义。从这个意义上讲，我坚持两者是统一的。如果认为组织关注用最少的人形成最大的产出是"效能"的核心，这个理解有失偏颇，效能一定是用人少、产出大，但是这不意味着对一个人的投入少，更不意味着对一个人的尊重少，相反应该是多。同样的道理，如果认为员工关注"在最少的投入中获得最大的收益"就是"幸福感"的核心，这个认识则是一个根本性的错误。员工用自己投入和所得的比较来感受幸福，表面上看是没有问题的，但是也要相信一个对于"幸福感"有愿望的员工，一定能够理解"幸福不会从天上掉下来"的道理，所以我所认识的大部分员工更关注组织提供的机会、平台和学习的机会，认为这是更重要的幸福来源，员工更关注公司的平等与分享、尊重与互助，这也是幸福的来源。也许我的理解有偏颇，供参考。

在回答这些问题的时候，我也在内心反问自己，为什么这些问题会存在？在从事管理教育、管理研究和管理实践的 20 年间，我发现，身边非常多的人喜欢尝试各种新理论，只要有新概念、新理论或者新观点、新模式出现，人们就会蜂拥而至，希望可以找到成功的诀窍。现在又走到另外一个方向，去管理化成为时尚，人们纷纷开始质疑管理，甚至认为互联网技术会有新时尚，管理已经过时。但是我们最需要学习的不是时尚，而是经典；不是概念，而是规律。让我们来看看过去这 30 年间，我们都学习了什么。

管理到底能发挥什么作用

从改革开放开始，管理终于来到中国人的日常工作中，1983 年中国的大学开始设立有关管理学的专业，1992 年开始设立工商管理硕士课程（MBA），2002 年高级管理人员工商管理硕士课程（EMBA）获得批准，有关管理知识和概念的普及教育如火如荼地在中国大地展开，这种对管理知识和管理理论的学习，配合着中国 30 年改革开放而焕发出惊人的魅力。

通过培训和学习，人们了解到几乎与世界同步的所有管理知识。1911 年泰勒开始让管理变成科学，随后分工理论成为管理的核心认知。20 世纪 40 年代的人际关系训练被看作组织成功的关键，而在 50 年代，彼得·德鲁克先生提出的目标管理理论又被视为解决管理问题的新方法，大家觉得只要目标达成，一切问题都可以解决。随着管理的深入，发现虽然目标实现了，可是很多问题没有得到根本上的解决。于是分权化成了最佳方法，大家原认为让人有平台就可以了，却发现给了平台和权力，并没有解决更多的问题。进入 70 年代，人们看到了企业战略，企业运用战略资源获取核心竞争力。80 年代，因为日本的成功，企业文化作为管理理论进入人们的视野。90 年代因为技术的发展，新方法更是层出不穷。到 21 世纪，又是管理创新理论引领变化。对于中国企业来讲，所有的管理理论和方法都是需要面对与接受的。而且，这些也基本都被我们的企业采纳和实验过了。但结果怎么样呢？让我们看一下现实的数据。

数据显示，在 2013 年《财富》杂志世界 500 强榜单中，95 家中国企业总收入比 2012 年榜单中的 4.2 万亿美元增长 23.8%，但这些企业的平均利润率却由 2012 年的 5.4% 下滑至 3.9%。此外，在 95 家上榜企业中，仅有 12 家企业的利润率达到 10% 以上，另有 11 家 500 强中国企业在 2012 年出现了亏损。上榜公司的主体仍是国有企业，中国大陆 85 家企业中，国有企业占到九成以上。中国大陆新增加的 16 家企业中，有 14 家是国企（包括金融类国企），仅有两家为民营企业。中国 95 家上榜企业利润总额约 2656 亿美元，9 家银行利润占据中国所有上榜企业利润总额的 55.2%。苹果 2012 年的利润差不多 420 亿美元，而联想的利润只有 6 亿多美元，连苹果的 1/80 还不到。从销售收入来讲，联想仅相当于苹果的 1/5。

这些数据能够说明，即便是中国规模最大的公司，在经营水平和盈利能力上，与世界同行有着巨大的差距，原因是什么？中国企业动用的资源不亚于其他地区企业，中国企业的学习能力不亚于其他地区企业，中国人的吃苦耐劳精神不亚于其他地区企业，如果从我的角度看，问题出在管理上，管理没有让人与资源组合在一起，发挥出应有的效率，产出应有的效益。

我们无法让人与组织的效能最大化。对于个体来说，组织是很重要的，但为什么中国人组织不起来？鲁迅先生说我们是一盘散沙。一些人把这归结为人性，我没有认同这种观点。我认为是我们不懂管理，不知道如何运用管理来组合人与资源。我们不懂怎么把资源要素与人的需求以及人内在的秉性组织起来，让人发挥出最大的能量。每个人从天性上来讲是绝对愿意发挥作用的，但是组织并没有给他一个平台，严格地说，不是组织没有给予个体平台，而是管理者没有给予个体平台。组织的管理到底起什么作用，管理者一直没有搞懂。相反，一部分管理者觉得管理是属于自己经验的部分，而且自认为管理经验丰富；一些管理者甚至不知道，正是自己成为组织的障碍，正是自己让员工无法发挥效能，正是自己妨碍了组织效能。

可以肯定地讲，我们的经验是解决不了多少问题的。是真的由管理者在决定管理绩效，还是由管理自身的特性及规律在决定管理的绩效？离开单个人的想法，组织的效率从哪里来？管理的逻辑如何？这是我们今天遇到的问题，这些问题导致了我们的现实绩效结果无比残酷。同样的资源和同样的人组合在一起，因为管理者对于管理理解的不同，导致获得的绩效完全不同。世界500强企业的名单，再一次清楚地表达着这一点。

管理需要回归经典

我们一直向标杆企业学习，比如沃尔玛、苹果、IBM、三星等企业，都是中国企业学习的对象，很多企业家对这些企业的理解非常深入，但是并未看到真正的学习成效。华为是个极为特殊的例子，任正非对于IBM的学习，采用了"先固化、再僵化、再优化"的原则，花了10年的时间，终于让自己具有了全球企业的视野和能力，并形成了华为独特的发展模式和鲜明的企业文化。之所以其他企业非常困难，就在于找不出自己的模式和管理文化，如果这个找不到，学标杆只是一个行为选择，解决不了根本性的问题。

我们一直在进行企业改造。在这个层面上我认为大家的努力是对的。全球领先企业的很多地方值得我们学，可是在学的过程当中，我们并没有"学"，反而在"创造"。一部分管理者把所拿来的东西"创造"性地借鉴，比如流程再造，很多企业都在创造性地使用，可是效果并不好。事实上，企业流程再造中最重要的东西，就是用系统支撑流程，所以流程再造并不是一种理论，流程是一种语言，是思维方式，是每个人的行为习惯。只有你改变行为习惯，打造流程系统，改变思维方式，企业再造才可以获得成效。为什么这些东西我们做不到？因为我们不清楚最基本的东西是什么。

所以当华章提出回到经典概念时，我非常佩服，因为这个努力方向是对的，从科学管理理论一直到管理创新理论，这些管理理论在最近30年间都引进中国，经典著作的出版，本身正是为了解决如何理解管理的基本问题，这也是我一直希望回归到基本层面的根本原因。所以阅读经典著作是我自己的选择，也是我给学生的建议，我们需要清晰理解管理最基本的理论，需要明确管理理论的核心内涵，更需要真正理解管理的本质。

讲授"组织行为学"这门课的时候有时觉得困难，上课时学生会问："陈老师，您能帮我调整公司的组织结构吗？"我说："为什么要调整组织结构？你的企业结构是拿来做什么的？"他说："现在都在讲求扁平化结构，我觉得我们也不能落后，所以应该调整结构。"这是学生向我咨询的问题，但是如果是这样的话，组织结构的作用就没有了。常常遇到学生这样提出问题，这就表明大家对管理最基本的知识是欠缺的。所以当我们在学习一些最新理论的时候会遇到两个难题：一个是最基本的知识基础没有；一个是对经典理论的理解不够。如果从这个角度上讲，在基本概念没有理解时，后期做的努力都是无用功。我们认识到这个世界的变化，但是如果最基本的认识没有，就会使很多人面对变化时感到惶恐与迷茫。其实，如果你有经典理论的认识，知道最基本的规律是什么，最基本概念的核心内涵是什么，一切都会变得可以接受，并能够有效地获得帮助。

从事管理教育会遇到这样两个难题：第一是在最基本的理论上没有做任何诠释而把所有的理论教给了学生；第二是人们更关注权力而非责任，更关注自己而非组织。这两个难题说明，管理者所拥有的知识未真正触及最基本的部分。当你对管理的基本理论、基本概念的内涵理解不够的时候，你所拥有的管理知识也许无法帮助你创造价值，所以你必须知道管理最基本的含义是什么——你需要回归经典。

源于这样的认识，我认真去阅读和理解管理学的经典著作，并把这些阅读的感悟记录成册，分享给大家。这些感悟只是我自己的心得，并不能够代表这些经典著作本身，我非常强烈地建议，各位去阅读经典著作本身，相信你的收获会给你极大的帮助。我之所以愿意写作此书，一方面想对华章表示敬意，它用 20 年的时间，坚持出版这些经典著作，这是一件非常需要毅力和投入的事情；另一方面想启发大家对经典著作的关注和兴趣，因为自己受益良多。

  本书是纯粹的个人阅读笔记，一家之言，所以一定有很多不当之处，请原谅。

陈春花

2014 年 9 月 19 日于北京

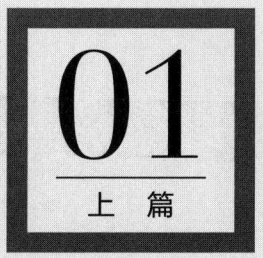

上 篇

管理的本质：效率

　　从1911年开始，美国及其领先的企业征服了全球，创造了前所未有的效率，并缔造了人类商业历史上的辉煌。在此期间，无论是大型企业组织还是技术创新，都不再是不可模仿和颠覆的，新的企业组织和商业奇迹不断出现，人们在寻求其发展驱动力的时候，自然会联想到管理以及管理者的作用。管理在这100年间，给商业和社会带来了前所未有的影响，以至于德鲁克先生说，在20世纪最伟大的发明中，管理的出现就是其一。如何真正理解管理，让管理发挥作用，取决于对管理本质的理解，管理的本质就是提高效率。

01
第 1 章

劳动生产率

泰勒与劳动生产率
《科学管理原理》

了解管理的人，一定认识泰勒，因为泰勒让我们知道什么是科学管理，因为泰勒让我们知道工业化的依据，因为泰勒让我们了解到劳动效率的核心影响要素，同样因为泰勒，我们发现管理其实是一种分工。

1911年，管理史上的里程碑之作——《科学管理原理》出版发行，它标志着一个新的管理时代的到来。泰勒的影响日渐广泛，遍及全球。1914年，泰勒在纽约的演讲吸引了6.9万听众。1915年，泰勒病逝于费城，终年59岁。在他的墓碑上，刻着"科学管理之父"。多年前，我被泰勒打动，并不是因为他在管理学领域的盛名，而是在泰勒的《科学管理原理》一书中，我第一次明确地理解了管理的真实作用。在泰勒之前，管理就一直存在着，只是并没有人去理解每人所做的努力是否有效，也没有人去分析习惯的做法是否可以改变，泰勒却关注到了这些问题。

回顾一下泰勒的生命历程：22岁的泰勒加入米德维尔钢铁公司，并一路从机械工提升为车间管理员、技师、工长、总工程师。1883年，泰勒在新泽西州斯蒂文斯技术学院获得机械工程学位（次年，甘特图的发明人亨利·甘特也从该学院毕业)。在米德维尔期间,泰勒开始奠定科学管理的理论基础。1889年,泰勒离开米德维尔,继而担任了不少管理工作。1895年,他的《计件工资》发表。1898年,泰勒来到伯利恒钢铁公司,开始他著名的改革。他同怀特一起革新的工艺流程,对金属切割技术进行了彻底的改革,从而使批量生产的出现成为可能。可惜的是,这些工作并没有完全得到世人的认可。1901年,他被解雇了。自此,泰勒开始了无偿的咨询工作,进行了一系列的演讲,撰写了很多管理文章。1903年,他的《工厂管理》发表。1906年,泰勒出任美国机械工程师协会主席。1911年,管理史上的里程碑之作《科学管理原理》问世。

在这本书里,泰勒开宗明义,他明确地说:

> 没人会否认,在单个人工作的情况下,只有其劳动生产率达到最高,也即只有在其实现了日产出最大时,才可实现其财富最大化。对于两个人一起工作的情况,上述事实也十分清楚。为说明这一道理,假设你和你的帮手工作技能熟练到每天可制作两双鞋,而你的竞争者和他的帮手每天却只能生产一双鞋。显然,与每天只能制作一双鞋的你的竞争对手相比,在卖掉两双鞋以后,你可以支付你的帮手更多的工资,而且你可以比你的竞争对手赢得更多的利润。

> 在更复杂的制造企业中,事实也非常清楚,只有以最低的全部支出(包括人力、自然资源和以机器、建筑物形式存在的资本费用)完成企业的工作,才能为工人和雇主带来永久的最大化财富。或者,用另一种方式来说明这个道理:只有在企业的工人和机器的生产率达到了最大,也即,只有当工人和机器的产出达到了最大,才可实现财富的最大化。道理很简单,除非你的工人和机器比其他企业的工人和机器制造出更多的产品,与你的竞争对手相比,否则,你便不能向你的工人支付更多的工资。道理是,

你可以比较两家彼此直接竞争的公司哪家公司可以支付更多的工资，用同样的方法，你可以比较同一国家的不同地区，甚至相互竞争的两个国家哪个可支付更多的薪酬。总之，财富最大化只能是生产率最大化的结果。

泰勒用一生的时间所要探讨的问题，恰恰是管理的本质问题：管理要解决的就是，如何在有限的时间里获取最大程度的产出，也就是如何使生产率最大化。泰勒在《科学管理原理》一书中，清晰地阐述了获得劳动生产率最大化的四条原理：

- 科学划分工作元素
- 员工选择、培训和开发
- 与员工经常沟通
- 管理者与员工应有平等的工作和责任范围

这四条原理，明确地让我们了解，对于提高劳动生产率来说，最好的手段就是分工。如果以上推理正确，那么工人和管理者双方最重要的目标是培训和发掘企业中每个人的技能，以便每个人都能尽其天赋之所能，以最快的速度、用最高的劳动生产率从事适合他的等级最高的工作。科学地划分工作元素作为第一条，是告诉我们工作分工需要基于科学的角度，而不是凭借经验。但是做好了划分工作元素的工作还不够，还需要对承担分工的员工进行选择、培训和开发，这是第二条，泰勒第一次把员工摆在最为重要的位置，也是第一次告诉大家劳动效率取决于员工的素质和训练的结果，所以管理者必须和员工进行有效的沟通，必须明确两者之间有着清晰的分工和相应的职责。保持了这四条原则，劳动生产率就可以实现最大化。

在我自己学习管理理论的时候，给我深深影响的就是泰勒的《科学管理原理》。我们都知道泰勒在1911年发布本书的时候，在此之前管理都是凭经验，只有到了泰勒的时候管理才成为科学。改革开放之后我们开始学习管理，但是在那个时候，我们还是把理论归为理论、经验归为经验，我们实际上没有把管理变成科学。泰勒的贡献不仅仅是把管理变为科学，而且让我们知道，管理之所以可以变为科学在于它可以复制，而经验是没有办法复制的，这一点是我认为的泰勒的第一个贡献。泰勒的第二个贡献，是明确提出管理的本质意义就是要解决劳动生产率最大化的问题。

我常常听一些企业家讲企业的效率不够了，应该调整工资，大家会认为涨工资可以改变劳动效率，可是涨工资与效率没有关系。效率跟什么有关系？泰勒在他的著述中已经告诉大家，我们因为没有学习泰勒的理论，所以没有理解到根本的原因从而做错。又有些企业家说公司效率不够，应该是员工对企业的认同度不够，所以他们会对我说："陈老师你来给员工洗一下脑吧！"可能在这些企业家看来我比较会洗脑。洗完了员工的脑之后还是没用。因为员工的脑袋被洗清楚时，他们会发现真正的原因不在他们，是老板分工不明确。如果我们理解泰勒的管理就会知道，效率不高的原因在于管理没有产出，分工不明确、不科学。

这几十年来我们在管理上做了很多尝试和努力，也学习了很多管理理论和管理方法，同时也不断地寻找可以参照的管理模式，但是我们的效果仍然不好。请看这样一个数据：2013年世界500强中，中国企业共95家（内地企业89家），第一次逼近美国企业数，但是从已经上榜的中国公司看，存在严重的结构失衡。首先，上榜公司主要分布在钢铁、汽车、资源、化工、金融等领域，而来自第三产业服务业的则较少——这是中国经济重投资而轻消费的必然结果；其次，上榜公司的主体是国有控股企业，其中的多数处于受管制的行业，而完全市场化经营的民营企业则较少——这说明中国经济通过改革开放提升效率的空间仍然很大；最后，利润在行业分布中失衡，上榜的9家商业银行占据了所有89家公司利润总额的55.2%。

与中国内地相比，美国有8家商业银行上榜，利润仅为其所有上榜公司利润的 11.9%。我们可以对比中美上榜的金融企业利润占上榜所有公司利润的情况：中国内地金融业共有 13 家公司上榜——9 家商业银行、4 家保险公司，其利润占比为 56.5%；美国金融业共有 27 家公司上榜——8 家商业银行、4 家多元化金融公司及 15 家保险企业，其利润占比仅为 25.9%。这一现象说明，中国企业的竞争力还远远不够。我们做了这么多年的努力，我们在管理中做了很多很多的投入，但是我们并没有关心它的产出，所以我们的竞争力不够。

当面对这些事实的时候，我们真的需要回归到管理的本质含义上，才可以保证我们的管理行动是有效的，所以我建议大家一定要很认真地学习和理解泰勒对管理的界定，如果劳动效率不能真正提升起来，我们的 GDP 规模再大，发展也会停滞，因为发展依赖于投资，而投资产出不足的话，当没有那么多的钱投入时，发展就没有机会了。

也许我说得还不够，借用德鲁克先生的话："《科学管理原理》的理论无论在哪里都很适用。生产力成倍地增长，工人的实际收入急剧上升，工作时间减少，工人的体力、精神压力减小。同时，销售收入和利润提高，而产品价格降低了。"这就是泰勒《科学管理原理》的魅力，正如泰勒本人在书中所说的那样，对那些开始关注科学管理的人们，必须搞清楚三个关键问题：

第一，科学管理与通常的管理的区别在哪里？

第二，为什么科学管理会比其他类型的管理带来更好的结果？

第三，把合适的人选派到领导岗位难道不是最重要的吗？如果你已经物色到合适的人选，你敢于授权他去选择管理制度吗？

泰勒此书的主要目的之一，就是对上述问题给予满意的答复。而这些答案虽然早在 100 年前就已经给出，但即便是今天，这些答案依然能够清晰明了地帮助到我们的管理实践。我只是很惊讶于，为什么在 100 年后的今天，泰勒已经告诉我们的规律性认识，我们没有体认到而是相信自己的经验，让管理无法发挥作用并消耗了很多很多员工的付出。

德鲁克先生在自己的著作中曾经这样描述过泰勒，他说，泰勒的研究动机不仅仅是为了效率，也不是为资方创造利润。在德鲁克先生看来，泰勒直到去世还坚持认为：生产力的提高，最大受益方必然是劳方，而不是资方。他的主要动机是要创立这样一个社会，即通过将管理知识应用于工作过程，提高劳动生产率，这样劳资双方都可以从中受益，从而停止对抗，构建和谐的关系。德鲁克先生进一步说明，迄今为止，最能够领略其中真义的是第二次世界大战之后的日本企业。我引用德鲁克先生的观点，只是想表达，泰勒的著作需要更深入地去了解，才会发现今天组织管理面对的很多问题，可以在其作品中找到理解的视角。

当我潜心去学习这本经典著作的时候，一再感受到这些洞见对今天管理的价值与意义，所以请大家安静下来，好好学习和体认本书，你一定会收获甚丰。

科学管理原理（珍藏版）

出版时间：2013-04-01
出版社：机械工业出版社
ISBN：978-7-111-41732-3
定价：30.00 元

内容简介

在《科学管理原理》一书中，泰勒系统地提出了科学管理的基本思想、基本内容以及科学管理的具体方法。在基本思想方面，泰勒提出了专业分工、标准化、最优化等一些管理思想。在基本内容方面，泰勒对企业作业管理、组织管理等进行了全面阐述。其中包括对工人的挑选和培训、标准作业条件、明确规定作业量、建立激励性的差别工资报酬制度。在具体方法方面，泰勒提出了定额管理、差别计件工资制、挑选并合理使用第一流工人以及如何进行标准管理的一系列具体的步骤与方法。

泰勒在本书中立足于美国当时资源浪费严重、劳动生产率低下的事实，着眼于企业的基层管理，提出了科学管理原理。他认为管理的主要目的是使劳资双方都得到最大限度的利益，而实现这一目的的方式只能是高的劳动生产率，即每个工人都下定决心每天努力做出尽可能多的工作。然而，事实上绝大多数工人却有意识地反其道而行之。

泰勒认为，劳动生产率不仅受工人的劳动态度、工作定额、作业方法和工资制度等因素的影响，同时还受管理人员组织、指挥的影响。为此，泰勒主张明确划分计划职能和执行职能。在旧的体制下，所有的计划工作都是凭工人的个人经验来决定的，但在新体制下，这种计划工作必须由管理人员依据科学规律来制定。

科学管理的核心是管理要科学化、标准化；要倡导精神革命，劳资双方利益一致。实施科学管理的结果是提高了生产率，而高效率是雇员和雇主实现共同富裕的基础。因此，泰勒认为只有用科学化、标准化的管理替代传统的经验管理，才是实现最高工作效率的手段。

作者简介

弗雷德里克·泰勒于1856年出生在美国费城。年轻时，他先在液压机厂做学徒，之后加入一家钢铁公司，在那里开始奠定科学管理的理论基础。1898年，泰勒来到伯利恒钢铁公司，开始他著名的改革。1901年，他离开公司，进行无偿的咨询工作。在此期间，他的《工厂管理》与《科学管理原理》相继发表，泰勒的影响日渐广泛，遍及全球。1915年，泰勒病逝，终年59岁。

泰勒被全世界的管理学界尊称为"科学管理之父"。他是第一个认真研究劳动的人，第一个把管理当作一门科学的人，一个被社会主义伟大导师列宁推崇备至的人，一个影响了人类工业化进程的人。

《科学管理原理》出版于1911年，标志着一个管理新时代的到来。至今，这本书仍然带给管理人无穷的启示，是不可不读的管理经典。

02
第 2 章

组织效率

福列特的四个管理基本原理
《福列特论管理》

我关注到福列特,是在研究企业组织管理特性话题的时候。因为一直对冲突的理解无法有效把握,检索文献时,很偶然地发现福列特提出的"建设性冲突"的观点,研读下去才发现包括德鲁克先生在内的很多著名学者极为推崇她,我开始试着理解福列特的思想和观点,也尝试着理解在早期管理理论中人们所关注的问题,以及这些问题的实质到底是什么。这些努力给了我极大的帮助,同时也让我更清晰地理解了福列特思想的脉络。她从关注雇员之间的问题解决理论、参与管理、质量范围和其他基于团队的涉及员工在诊断、分析和寻求解决方案的方法入手,研究领导者和权力的作用,提出企业组织是一个社会组织而非经济组织等一系列在今天看来非常重要的思想。

福列特很早就已经分析了我曾经苦苦思考的问题:在什么时候竞争能够变为一种合作。如贸易联盟的形成,在这种形式中,竞争者结成联盟并形成一个产业,为最终消费者提供最高质量的产品和服务;再如合作信用系统,涉及学徒学校的贸易,同产业间管理者与合作和专业联合组织。正如她所写到的：职业经理人协会的形成，联盟的形成并不是在高度全球化竞争中所产生的一种新的理念。阅读到此，你会发现，所有今天我们以为是全新理念的东西，特别是动态及联盟的想法，它只不过是福列特观点的一种新的阐述形式而已。

认真研读福列特的一系列研究和观点时，越发感觉到经典著作之美。福列特对这些在今天看来越发重要的问题之阐述和判断，可以让我们能够在其著作中安静地获取答案。如何更好地理解福列特并使她的理论可以指导我们的实践，就需要再次认真地把握她思想的实质，我把福列特的思想概括为四个基本的管理原理。

第一个原理：建设性冲突

福列特说："冲突－差异是客观存在的，既然这一点不能避免，那么，我想我们应该对其加以利用，让它为我们工作，而非对它进行批判。"她认为："我希望大家暂时将冲突看作不好不坏的；不带任何道德上的预断去考虑冲突；不要将它看作斗争，而是将它看作观点或利益差异化的表现。因为冲突正意味着差异。我们不应仅仅考虑雇主和雇员之间的差异，还要考虑管理者之间、董事会的董事之间的差异，或者任何可能存在的差异。"

福列特对冲突的看法，具有非凡的洞察力，这是我第一次认识福列特的魅力。对于中国文化背景下成长的管理者来说，最大的挑战就是如何面对冲突。长期以来我们不愿意直接面对冲突，不愿意明确地表达自己的判断，甚至为了不产生冲突，不做清晰的选择；为了表面的和谐，只做折中的选择；为了不让对方难堪，不表达自己真实的意见，这样的结果导致大部分组织没有活力。我们不知道冲突本身是一个保持差异的现象，正是因为存在冲突，才使得差异得以保存，因为差异的存在进而保存了组织的活力。

更令我感到惊喜的是，福列特还提出了如何来"运用冲突"。首先是运用冲突去理解冲突双方。德鲁克先生对于这一点给予了高度的赞誉。福列特告诫我们不要去追寻在冲突中谁对谁错，甚至不要去问什么是对的，我们先假设双方都是对的，对于不同的问题双方都可能给出正确的答案。对于冲突的正确运用就是在认同双方利益的基础上，使冲突为双方共同所用，使双方站在对方的立场上去相互理解对方的问题，同时达成双方都能认为正确的满意答案。**冲突管理的最终结果并不是"胜利"，也不是"协商"，而是利益的整合。**

福列特的关于"建设性冲突"的思想有着非常巨大的现实意义。在今天充满变化并需要不断发展壮大的环境中，整合和协同是根本的解决之道，这也是为什么在今天的管理理论中如此多的管理学者强调战略联盟、协同营销、水平营销、价值链和价值网络、平台型企业的原因。

借助于福列特的理论，我们可以明确地知道"冲突"的管理方式和方法。福列特说："处理冲突的方式主要有三种：控制、妥协以及整合。显然，控制是一方战胜了另一方，这是处理冲突最容易的方式，但其效果是短暂的，长期来看并不成功……处理冲突的第二种方式是妥协，我们对其了解得比较多，因为它是我们解决大部分分歧的方式；每一方为了和平都退让一点，或者准确地讲，为了让被冲突妨碍的活动能够继续进行……然而，没有人真正想去妥协，因为这意味着要放弃一些东西。有没有其他方法可以结束冲突？目前，另一种方式开始得到承认，有时也会被采用：即将双方的要求整合起来。这意味着我们找到了一种解决方法，它满足了双方的要求，没有任何一方需要牺牲……整合可能是处理冲突和差异最富成效的方式。"福列特所提供的解决冲突管理中整合的方式，对于今天的管理者来说都会是非常及时和有效的。

第二个基本原理：企业是一个社会组织

福列特把企业看成是一种社会组织而非仅仅是一个经济或生产组织的观点，是很多同期管理学观点所不能及的。如果企业不仅仅是一个经济组织而是一个社会组织，这就要求企业承担更多的经济以外的职责，企业管理者需要更加明确经济责任之外的社会责任。

今天，合作和社会责任问题可以用福列特"广义生活"的概念来解释。在这个概念中，一个人的工作被看成是一种社会服务。福列特认为"管理者是各方利益的整合者""最重要的是在企业管理中，'群体创造性对世界意味着什么'""如果企业不能找到一个更加丰富的视角，去理解统一企业组织的可行方法，它将不能对社会发挥最大功用，也不能巧妙地规范自己，去提供已有的服务"。福列特的这种观点令我非常钦佩和敬仰。

企业管理者应能真正理解企业组织的属性，让企业能够拥有社会价值，做不到这些，就无法带领企业走在持续成长的路上，就无法真正让自己为企业创造价值。很可惜的是，在今天还是有很多企业管理者并不理解企业组织的属性，简单地认为企业就是经济组织，就是为了股东价值最大化，就是为了赚钱。如果仅仅从一个角度去看，股东价值最大化、赚钱并没有什么错误，但是如果仅仅是为了这一点，就一定是错误的，因为企业还需要为社会创造价值，还需要承载人们对企业的期望，这也是企业能够持续存在的根本原因。

福列特还提出了职业问题，如专业人员和管理者之间相对忠诚度的区别。专业人员关注对寻求自身工作意义的需求，而并非是职位升迁的需求。职业认同性和职业突出性问题对管理者来说将被取代，管理者必须通过培训保持自身的专业性。同样，福列特提出了基于合作道德的哲学基础——道德社会，道德社会并不是基于一个人的自身关系，而是基于团队中的成员关系。

的确，福列特有预见性地提出了这种观点——专家是组织中的领导，他们拥有可以使企业成员之间更容易沟通问题的"团队密码"，这些是德鲁克先生非常认同福列特的地方。但是在福列特生活的那个时期，企业仅仅是一个商业机构。对福列特而言，企业不仅是一个经济单元，也是组成社会重要部分的社会机构。她把企业和管理的功能放在整个社会框架之下，并且强调它们对构建更公正社会的本质重要性，后者是她一直的追求。在今天经济主导的社会中，企业成为社会的主体结构，从这个意义上讲，福列特强调企业的社会责任有着更为突出的意义，作为企业的管理者需要更加明确这一点。

第三个基本原理：管理是一种职能并以科学为基础

福列特在自己的研究中进一步分析企业管理将会朝着什么样的方向发展，她认为"产业的基本要素是管理，既非银行家也非股东。良好的管理才能吸引贷款、工人和顾客。此外，不论什么改变出现，不管该产业是由个体资本家、政府还是工人所持有，它们都需要得到管理。管理是企业中一项持久的职能。"更为可贵的是，她预见性地提出："许多情况推动我们走向全面的科学管理，总结如下：（1）有效的管理不得不取代自然资源的开发，后者终究有枯竭的一天；（2）日趋激烈的竞争；（3）劳动力的缺乏；（4）对人际道德更宽泛的关注；（5）商业是一项公共服务，它需要承担自身的有效运转，这一观点日益得到接受。"

看到她在20世纪三四十年代所做的判断，这五点的情况今天一一成为现实，再一次让我明白经典著作的持久魅力。换个角度说，今天的管理必须是全面的科学管理，而全面的科学管理就需要管理者成为专业或者职业人士，依据专业的知识和职业的标准来做事情。福列特说："科学标准必须应用于企业管理的整个过程之中……企业管理包括：（1）就其技术性的一面而言，有所谓的生产和分销的知识；（2）就其人事方面而言，有如何公正而有效地与同事相处的知识。"用简单的话来说，就是管理者需要两个方面的专业知识，一是对事，一是对人，只有掌握了这两个方面专业知识的职业人士，在福列特看来，才可以胜任管理者或者领导者的角色。

这个原理中所阐述的观点，需要管理者认真对待。我们很多管理者并没有真正理解并认同管理是科学管理，依然用自己的经验来主导管理行为与决策；或者内心认同管理是科学管理，但是行为习惯以经验为导向。一些管理者没有专业地要求自己训练科学管理技能，没有专业对待人与事，反而以个性化、随意性、经验主义的方式来处理人与事，令管理并未发挥应有的作用，更使得管理没有创出福列特所言的"产业要素"所应该创造出的价值。

第四个原理：重塑领导者的权责

对于权力和领导者的探讨一直是福列特所关注的问题，她认为"我们现在更认同个体的价值，管理成为更准确的功能定义，逐渐地领导者被视为这样一个人，他有能力给群体带来活力，懂得如何激励创新，使每个人知道自己的任务"。为了能够更好地表达她对领导者的定义，福列特重新定义了权力，她说："权力已经逐渐被视为一个群体的组合能力。我们通过有效联系获取力量。这意味着一些被视为领导的人，他们的能力不在于能够施加个人意愿并让其他人追随他们，而在于如何把不同的意愿联合起来成为群体的内在动力。他们必须知道如何创造群体力量而不是施加个人力量。他们必须创建团队。"

这些对领导者和权力的明确定义，可以让管理者知道自己的权责是什么，也使得组织管理从个人转到了团队，在这个方面福列特做了非常详尽的论述，也正是这方面的论述，让我再次对她肃然起敬。我引用她的话来证明这一点：

> 总经理的主要工作是协调，但是除非有了定义明确的目标，否则无法成功地整合企业内部。总经理应该有能力在任何时候定义工厂的目标，或者整个目标群。他应该看出短期目标与长期目标的联系。他应该看出任何建议、任何单独计划与公司总目标的联系。他

应该在考虑任何手头的问题时，审议提出的解决方案，观察它是否能够促进公司的主要目标。还有，他应该总是能够总结公司的目标并指出离目标还有多远的距离。总裁报告应该总结目前取得的成果，涵盖尚未达成的目标，指出未来需要努力的目标。它应该鼓励进一步的努力，并清晰阐述应该努力的方向。它不仅仅是激励，也是明确任务的手段。最重要的是，他需要让同事理解，奋斗的目标不是他个人的目标，而是大家的共同目标，它产生于群体的期望和活动。

最优秀的领导者并不要求别人为他服务，而是为共同目标服务。最优秀的领导人没有追随者，而是与大家一起奋斗。我们发现如果领导者不常发号施令，而专家不限于建议的工作，下属——包括经理们和工人们——会对领导力产生不同反应。我们希望鼓励合作的态度，而不是服从的态度，只有当我们在为一个如此理解并定义的共同目标奋斗时，才能达到这种效果。

也许我引用的太多了，但是我真的是为她细致的观察、敏锐的分析和清晰的表达所信服，可以说福列特的思想非常切合今天巨变的环境，她所研究的问题在今天显得更为突出，也许整本书看起来有些生硬，但是如果你愿意沉下心来慢慢地理解、仔细地研读，你会受到极大的震动和启发。

什么才是真正的领导者？福列特的观点可以让我们清晰地认识这个问题，找到最明确的答案。我非常喜欢和认同她对领导者内涵的界定，正如她所言，**领导者的能力不在于能够施加个人意愿并让其他人追随他，而在于如何把不同的意愿联合起来成为群体的内在动力。**

很多时候，年轻有为的团队成员，有着自己独立判断的价值观，有着自己独立解决问题的能力，在这些成员看来，屈服于权力是一件不该存在的事情，他们自己更需要领导者给予的尊重，他们也更需要一种组织氛围来发挥各自的优势和专长。福列特对领导者的定义，正是帮助我们认知到这个事实，而能够成为符合这个定义的领导者，我相信他一定可以带领这些优秀的成员，使得每个成员都能够发挥与创造。所以福列特明确地要求，作为领导者，他必须知道如何创造群体力量而不是施加个人力量，他必须创建团队。当你了解到福列特对领导者如此定义的时候，对照一下自己，你是一个合格的领导者吗？

福列特论管理（珍藏版）

出版时间：2013-06-01
出版社：机械工业出版社
ISBN：978-7-111-42775-9
定价：50.00元

内容简介

作为那个时代的一名杰出女性学者，福列特热衷于社会工作，一生勤于对各类社会组织的观察和研究，并笔耕不辍，语出惊人，在管理思想上所取得的成就足以让所有人钦佩。一方面，她具有广泛的兴趣，研究涉猎政治学、社会学、心理学、管理学、哲学等多个领域。她不仅对每个领域进行了专攻，还试图寻找各个领域之间潜在的关联，发现它们背后统一的真理。另一方面，她具备敏锐的洞察力和超常的前瞻性。通过对现实工作、生活的细致观察，福列特似乎总是能够一针见血，指出问题的症结所在。有赖于其超常的洞察力，福列特的观点展现出令人惊叹的前瞻性，当众生还在迷茫时，她却已经揭示了多年后人们才能真正明白的道理。

福列特的思想主要体现在她对冲突、权力、领导者等方面的研究上。她认为冲突作为生活的本质是不可避免的，我们应该利用冲突创造新价值，而非对其进行简单的批判。她指出，整合是解决冲突的有效方法，通过整合，人们可以寻求有效之道满足双方的需求，而不仅仅局限于"非此即彼"。此外，福列特力倡权力平等，主张进行整合和顺应情境规律，让企业成为有效的职能管理整合体，从而减少凌驾于众人之上的个人权力。她坚持认为利益、责任、权力三者缺一不可，每个人都应有自己的明确职能，具备相应的职权并承担责任。就领导者而言，她认为人们不应只看到领导者对群体的影响,也要看到群体对领导者的影响。领导者的能力不在于施加个人意愿并让其他人追随他,而在于如何把不同的意愿联合起来成为群体的内在动力,从而塑造群体力量。凡此种种精辟的见解令人深思。

作者简介

玛丽·帕克·福列特(Mary Parker Follett,1868—1933)是一位消瘦、秀气、气质非凡、魅力超群却又一辈子未婚的传奇女性。她不仅是波士顿上层社会的社交名流,而且是具有重大建树的一流学者,她在政治学、经济学、法学和哲学方面都有着极高的素养。这种不同学科的综合优势,使她可以把社会科学诸多领域内的知识融会贯通,从而在管理学界提出了独具特色的新型理论。有人认为,福列特的思想超前了半个世纪甚至80年。20世纪60年代以后管理学的诸多探索,追根溯源都能在福列特那里得到启示。由于她对管理学的巨大贡献,当代的管理大师德鲁克先生把她称为"管理学的先知",甚至有人把她与泰勒相提并论,宣称这位杰出的女性应当与"科学管理之父"并列,可称之为"管理理论之母"。

法约尔与组织效率最大化
《工业管理与一般管理》

我第一次学习法约尔的 14 条管理原则,好像一下子打开了一扇窗,窥见管理内在之力。1916 年,《工业管理与一般管理》发表,法约尔提出著名的"管理要素",标志着一般管理理论的诞生。只是不知道为什么,法约尔深深吸引我的地方不是他对一般管理要素的贡献,而是在法约尔那里,我终于明白组织效率的提升来源于什么!

管理从根本意义上是解决效率的问题,从管理演变的历史来看,它的第一个阶段是科学管理阶段,代表人物是泰勒,这个阶段所解决的问题是如何使劳动效率最大化;管理演变的第二个阶段是行政组织管理阶段,代表人物是韦伯和法约尔,这个阶段解决的问题是如何使组织效率最大化;管理演变的第三个阶段是人力资源管理阶段,包括人际关系理论和人力资源理论,这个阶段解决的问题是如何使人的效率最大化。因此,管理所谈的效率如果作细致的划分就是劳动效率、组织效率和个人效率。而在一个高度发展和竞争的环境中,劳动效率的改善已经成为基本条件,同时因为个人需求的提升,以及满足个人需求的激励手段的不断出现,个人效率的改变也出现了前所未有的进步，但是相比较而言，组织效率的改善却不尽如人意。

为什么会出现这样的情况呢？人们习惯以条件变化来开脱，比如，组织不再是一个"封闭的系统"，组织采取的任何行动深受环境的巨大影响（当然组织自身也在很大程度上对环境产生影响），组织的行动会受到外部和内部的各种因素干扰而偏离了既定的方向，等等。以上观点的确是正确的，所以一些人会认为受外部环境影响的组织效率无法控制，我们只能接受。

组织中不再存在明确的杠杆的确成为事实，以往我们习惯运用组织明确的杠杆做管理调整，例如我们可以通过裁员来提升组织的盈利能力，可以通过轮岗来提升管理人员的管理能力，通过流程重组来提升组织的效率。但是这种简单的线性关系已经不存在，也许你在裁员的时候，竞争对手已经通过新产品替代了你的产品；你在提升管理者能力的时候，市场已经采用全面的技术替代。我们习惯的努力也许得不到你想要的结果，因为今天已经不是"种瓜得瓜，种豆得豆"的时代，这种观点也是对的。所以人们由此认为组织效率更加无法有明确的调整因素，我们似乎无法不同意他们的观点。但是，如果真的如此，组织就真的无法适应这个变化的环境，也就无法真正发挥管理的功效。

这并不是真的情况，组织以自身的独特性——系统化的人的组合——来发挥作用。之所以有上面的误区，是因为我们在今天的管理中，忽略了法约尔最初提出的14条管理原则中的两个关键问题。对这两个关键问题的理解，构成了组织管理的基础，也就是影响组织效率的两个关键要素，这两个关键问题是**专业化能力和等级制度。**

法约尔从管理职能讲起，不断地比较企业中领导者、基层管理人员的能力价值，不断强调员工能力贡献的重要性，特别分析了在各种类型的企业中，基层人员和领导者之间能力的特征，他明确地得出如下结论。

1.工人的主要能力是技术能力。

2.随着等级地位的提高,管理能力的重要性递增,同时技术能力的重要性递减。在第三或第四阶层这两种能力趋向平衡。

3.经理的基本能力是管理能力。等级越高,对其管理能力的要求越高。

4.商业、金融、安全和财务能力在第五或第六阶层有其最大的相对重要性。随着等级地位继续提高,这些能力在总体价值中的比率会降低并趋于平衡。

5.从第四和第五阶层开始,管理能力所占比率随其他比率的减少而增加,其他比率接近总值的十分之一。

法约尔进一步归纳出这样一个结论:低层员工的基本能力具有公司的专业特征,领导人的基本能力是一种管理能力的特点。需要特别说明的是,为了能够让所有人具有这些专业能力,法约尔特别强调了管理教育的重要性。

法约尔在阐述14条管理原则的时候,我们不难看出他围绕四个关键问题展开,这四个关键问题是:

- 劳动分工
- 等级与职能过程
- 组织结构
- 控制范围

对这四个关键问题的诠释和理解,法约尔都是在不断地强调专业化和分工、分责、分权之间的关系,甚至在谈到人员报酬、个人利益、团队等原则的时候,也是在分责的前提下谈论,使其对应于等级制度。统一指挥、统一领导、集中、秩序、公正等管理原则中也一贯表达对分责的理解和认识。

书的最后一部分,也是法约尔对管理理论最为重要的贡献:一般管理要素的提出。我本人也深受这些一般管理要素的影响。目前我们仍然是沿着法约尔为我们指引的管理路径在前进，无论世事和环境如何变化，管理能够发挥的职能仍然是法约尔早在1916年提出的这些要素。不过在我看来，最为关键的不是这些要素本身，而是法约尔所强调的观点：**专业从事管理工作**。他在阐述这些管理要素的时候，甚至分析到对大型企业的领导者和小型企业的领导者其管理要素的要求会有所不同。

看这本书，我第一次真切地理解组织效率的关键影响因素，这一点发现对我后来从事管理教学、管理实践影响巨大，也源于此，我把自己的感悟归结为一句话：**组织效率最大化的手段是专业化水平与等级制度（分权）的结合**。

一方面我们需要强化专业化的能力，无论是管理者、领导者还是基层人员，只有贡献了专业化的水平，才能算是胜任了管理工作；另一方面需要明确的分责分权制度，只有职责清晰的分工，权力明确的分配，等级安排合理，组织结构有序，管理的效能才会有效的发挥。专业化水平与等级制度的结合正是组织效率最大化的来源。

随着变化的加剧，环境对组织的要求更高，**组织一方面需要保持与外部环境变化的一致性，又需要保持组织效率本身对变化的超越能力**，所以今天重读法约尔的《工业管理与一般管理》有着更为真实的意义。之所以出现组织效率的困境，是因为忘记了组织管理自身的一般规律，从而偏离了组织管理的轨迹，忘记了专业化水平的提升和等级制度（分权）的建立。无论环境如何改变，如果想和环境变化保持一致，那么我们就必须不断地反问自己：**什么类型的专业化和等级制度（分权）才能使组织效率最大化？**

工业管理与一般管理（珍藏版）

出版时间：2013-05-01
出版社：机械工业出版社

ISBN：978-7-111-42280-8
定价：35.00 元

内容简介

《工业管理与一般管理》第一次明确提出了管理的概念，使独立的管理职能和普及的管理教育从此成为可能。最重要的是，法约尔在这本经典著作中贡献了 14 项管理原则和 5 项管理要素，成为后世管理实践和管理教育的基本逻辑。如今很多人认为现代管理中的大部分理论仍然是法约尔理论中某一部分的重新提出和补充。管理源自实践。作为企业的总经理，法约尔关注的是整个组织，如此广阔的视角使他最终提出——管理是计划、组织、指挥、协调和控制。

源于企业经营活动的管理活动

通过对企业全部活动的分析，法约尔将管理活动从经营职能中提炼出来，成为经营的第 6 项职能，并进一步得出了普遍意义上的管理定义，即"管理是普遍的一种单独活动，有自己的一套知识体系，由各种职能构成，管理者通过完成各种职能来实现目标的一个过程"。

法约尔还分析了处于不同管理层次的管理者其各种能力的相对要求。在所有类型的企业中，低层员工的基本能力是具有该公司特征的专业能力，而高层领导者的主要能力是管理能力。

管理教育的必要性和可能性

法约尔认为管理能力可以通过教育来获得，"缺少管理教育"是由于"没有管理理论"，每个管理者都按照自己的方法、原则和个人的经验行事，但是谁也不曾设法使那些被人们接受的规则和经验变成普遍的管理理论。

提出 5 大管理职能

法约尔将管理活动分为计划、组织、指挥、协调和控制等 5 大管理职能，并进行了相应的分析和讨论。

提出 14 项管理原则

法约尔提出的 14 项管理原则是：（1）劳动分工；（2）权力与责任；（3）纪律；（4）统一指挥；（5）统一领导；（6）个人利益服从整体利益；（7）人员报酬；（8）集中；（9）等级制度；（10）秩序；（11）公平；（12）人员稳定；（13）创新精神；（14）团队精神。

作者简介

亨利·法约尔，1841年出生于法国。早年从圣艾蒂安国立矿业学院毕业后，法约尔就进入科芒特里-富香博-德卡维尔矿业公司，并一直工作至1918年退休。1888年，法约尔开始担任总经理一职，对公司进行改革和整顿，培养了一批出色的管理人员，终于使公司摆脱濒临破产的处境，并形成不可动摇的稳固地位。凭借非凡的业绩、坚实的理论和丰富的经验，法约尔于1916年发表了《工业管理与一般管理》，它标志着一般管理理论的诞生，是一部划时代的经典之作。1925年，《工业管理与一般管理》出版发行。同年，法约尔逝世，享年85岁。

法约尔是20世纪上半叶最杰出的管理大师之一，被誉为"现代经营管理之父"，同时他也是古典组织理论的奠基人。在所有早期的管理学思想中，法约尔的思想也许是最经得起时间考验的。

韦伯与现代组织管理
《社会组织与经济组织理论》

阅读马克斯·韦伯的作品是从他的《新教伦理与资本主义精神》开始的,韦伯这本小册子令我爱不释手,我既感受到理论本身的魅力,更感受到研究带给实践的穿透力,被他透彻地分析资本主义精神的实质所深深吸引,似乎在朦胧中,能够开始洞察社会运行背后的逻辑。这份感受让我开始寻找韦伯其他的著作来学习和解读,他的《社会组织和经济组织理论》所阐述的官僚组织理论(也译为行政组织理论)对后世产生了最为深远的影响。被誉为"组织理论之父"的马克斯·韦伯,与泰勒、法约尔一起成为西方古典管理理论的三位先驱,有人甚至将他与杜克海姆、马克思奉为社会学的三位"现世神明"。

在了解韦伯思想的时候,我才弄懂现代管理与经验管理的根本区别。事实上,管理一直都存在一个基本的命题,那就是权力是个人的还是组织的。如果从领导理论的层面上来讲,一个领导者如果要发挥影响力,必须借助于权力和个人魅力。从这个意义上,权力好像是个人的。但是我们又发现，权力本身需要借助于一个组织来发挥作用，如果没有组织，权力的承载就成了问题，所以这时权力似乎又有着组织的特性。而从实践的层面上讲，权力很明确是个人的，凭借个人的影响力，权力成了一些人的象征，更是很多人苦苦追求的东西。

我们不能因为现实的观察就这样简单地为权力下定义，因为权力本身的定义已经很完备，我只是想与大家分享我对韦伯思想的理解，因为韦伯带给我一个全新的视角，让我能够真正理解权力的价值与意义。**韦伯认为对这个问题的解答，就是管理从经验到现代的分水岭，这个分水岭就是：权力赋予职位而非个人。**

19世纪，官僚制盛行于欧洲，韦伯行政组织理论产生的历史背景，正是德国企业从小规模世袭管理到大规模专业管理转变的关键时期。他从事实出发，把人类行为规律性地服从于一套规则作为社会学分析的基础，提出了自己理性设计的原则：

- 权力
- 职位
- 非个人性
- 法律

这四个原则以最理性的方式预先假定了法律和权力的概念，明确地提出权力与职位的关系。韦伯认为权力是非个人的，必须在法律的界定下确定权力与职位的概念。这种思想在今天看来好像并没有什么特别，但是在一个一切以个人至上权威为导向的社会中，韦伯的理论无疑是一个巨大的冲击。韦伯清晰而系统地指出，**理想的组织应以合理合法的权力为基础，没有某种形式的权力，任何组织都不能达到自己的目标**，我深受影响的正是这一点。

组织最为根本的功能就是效率，所以如何获得组织效率是管理必须回答的问题，韦伯从组织效率出发，找寻影响组织效率的核心要素。他发现合法的权力是决定组织管理的核心，从而对组织效率产生决定性的影响。也正是从这种观点出发，韦伯强调组织体系中，法律界定权力划分，提出了官僚组织结构理论，该理论为社会发展提供了一种高效率、合乎理性的管理体制。这是意义重大的思想，因为韦伯的官僚组织结构理论，我们才有机会看到西方行政管理体系，才有机会看到传统的、世袭的组织体系瓦解，才有机会看到普通人可以借助于组织结构设计而发挥超乎想象的作用。

在今天的管理实践中，表面上看我们已经解决了**韦伯所需要解决的问题，权力与职位的合法性早已成为共识，权力不再是个人的，而是属于约定的责任**。但是事实上，我们还是会看到个人凌驾于组织之上而拥有权力的情况存在。如果我们仍然不能保持权力的独立性、合法性，就无法真正获得组织的效率，也就无法发挥权力的有效作用。这正是今天我们需要重新认识韦伯理论的地方。

常常看到管理者对权力的迷恋，常常看到人们会放大权力的职位范围，也常常看到没有权力就无法工作的现象，这些都说明我们没有让权力与职位保持联系，反而让权力成为个人的附属物。如果是这样，人们对权力的热爱就会导致责任的缺失，无法让组织进入理性的状态，反而陷入非理性的权力状态。一旦陷入这样的状态，管理就无法显现效率，只能表现出长官的个人意志。我们看到的结果就是需要管理者自身的影响力来发挥作用，无法按照正常的基本程序发挥作用；这就导致人们更加关心权力，而不是关心权力如何获得组织管理的效果，更关心个人的影响力而非组织绩效的成果。

所以理解韦伯，应该理解他对组织管理的原则约定：权力是组织的而非个人的。组织管理的核心就是让权力从个人的身上回归到职位上，也就是组织本身上，只有在这种情况下才会得到管理效率。

韦伯在进一步分析组织结构时，透彻地阐述了理性设计的重要性。他认为如果能够理性地分配权力，用法律的手段明确权力，组织结构就是最有效的。也许我不能把组织管理的整个功劳完全算在韦伯身上，但是如果没有韦伯对组织管理理论的研究，我们可能无法理解国家行政管理体系如何发挥作用，也无法理解管理为什么不能依赖于个人，尤其是个人的权力。

研读韦伯的组织管理理论还让我认识了另外一个道理：**职位的含义是责任**。在此之前，我认为职位只是一个分工而已，只是简单地把职位看作权力最基本的条件，没有认识到权力并不是权力的意义，而是职位的意义，是职责的意义。**当权力是职位的含义时，就要求权力表现专业能力；**简单地说，**权力需要承担职责，没有职责的权力是不存在的**。

让我们看看现实，在很多组织，权力与职位是分离的，权力在很多时候会变成一种象征和一种待遇。很多人苦苦地追求权力，他们所追求的并不是权力所蕴含的责任，而是权力带来的种种待遇和象征性，追求的是权力带来的满足感和控制欲。此时的权力就是纯粹的权力而已，没有承担责任，当然也就无法发挥权力的效能，这样的权力也从未获得过组织绩效；此时的权力只是满足个人诉求的权力而已，没有责任的约束，当然也就无法发挥权力的效能，这样的权力也从未让人真正贡献价值。一方面好像有职位和分工，一方面拥有权力却意味着凌驾于分工之上和超越职位之外。这样的现实，使得管理形式上是现代管理，实际上是封建管理，与现代管理存在着根本的差异。

今天，大部分情形下，人们还是更多地依靠权力、依靠领导者个人的能力来发挥作用，这是我非常担心的地方。我曾经不断地强调，我们已经进入一个个人时代结束、团队时代开始的环境中，如果还是无法发挥组织的作用，依然需要依靠领导者个人的作用，那么将无法在今天的环境中求得生存，更不要说求得发展。如果要发挥团队的作用，就需要像韦伯一样去思考、去理性地设计组织，让个人的权力不再是组织的核心要素，而让每个职责的分工与协作成为组织的核心要素。我非常喜欢美的集团的组织管理状态，整个美的集团都是在职位明确、责任明确、激励明确的组织管理体系中，事业部经理人所展示出来的良好职业心态正是源于理性设计权力与职位关系的结果。每个经理人都很清楚，对他来说职位就意味着责任，同时也意味着权力，他很好地理解了权力真实的含义，理解了职位和责任的真实含义，所以他成就了美的集团成为中国最好的企业之一。

很多企业和组织，现在依然存在着我所描述的那些权力及其权力派生的现象，问题的关键不在于这些现象的存在，问题的关键是我们是否理解韦伯的理论精髓。在韦伯之前，组织管理还是一种混沌状态，凭借一个人独立的力量来协调组织的状况是普遍现象，而韦伯界定了权力和个人的关系之后，管理进入现代管理阶段，组织管理在分权体系设计下，发挥了应有的作用，使得一个人能够借助组织管理的力量，发挥最大的功效。正是韦伯提出的"理想的"行政管理体制，经过时间的验证，成为现代国家应有的管理体制的基础，同时也奠定了其在古典组织理论中不可动摇的地位。

《社会学的基本概念：经济行动与社会团体》

出版时间：2011-03-01
出版社：广西师范大学出版社
ISBN：978-7-549-50050-5
定价：42.00 元

内容简介

韦伯指出，任何组织都必须有某种形式的权力作为基础，才能实现目标。只有权力，才能变混乱为秩序。权力有三种：理性的权力、传统的权力、超凡的权力。传统的权力是依靠世袭得来，而不是按能力挑选的，其管理是为了保存过去的传统；传统的权力的效率较差。超凡的权力则带有过重的感情色彩，并且是非理性的，不是依据规章制度，而是依据神秘或神圣的启示。只有理性的权力才适宜作为理想组织体系的基础，才是最符合理性、高效率的组织结构形式。

韦伯明确而系统地指出，理想的组织应以合理合法的权力为基础，没有某种形式的权力，任何组织都不能达到自己的目标。为此，韦伯首推官僚组织，他提出的官僚组织理论为社会发展提供了一种高效率、合乎理性的管理体制。他提出了理性设计的原则：（1）权力；（2）职位；（3）非个人性；（4）法律。这四个原则以最理性的方式预先假定了法律和权力的概念，明确地提出权力与职位的关系。韦伯认为权力是非个人的，必须在法律的界定下确定权力与职位的概念。

组织最为根本的功能就是提高效率，所以如何获得组织效率是管理必须回答的问题。韦伯正是从组织效率出发，找寻影响组织效率的核心要素。他发现合法的权力是决定组织管理的核心。也正是从这种观点出发，韦伯强调组织体系中，法律界定的权力划分，提出了官僚组织结构理论。这套理论为社会发展提供了一种高效率、合乎理性的管理体制，意义非凡。

在进一步分析组织结构的时候，韦伯透彻地阐述了理性设计的重要性。他认为如果能够理性地分配权力，用法律手段明确权力，组织结构就是最有效的。

作者简介

马克斯·韦伯（Max Weber，1864—1920），德国著名社会学家、政治学家、经济学家、哲学家，是现代最具生命力和影响力的思想家之一。韦伯最初在柏林大学开始教职生涯，并陆续于维也纳大学、慕尼黑大学等任教。他对当时德国的政界影响极大，曾前往凡尔赛会议代表德国进行谈判，并且参与了魏玛共和国宪法的起草设计。他与泰勒和法约尔处于同一历史时期，对西方古典管理理论的确立做出了杰出贡献，是公认的现代社会学和公共行政学最重要的创始人之一，被后世称为"组织理论之父"。

（注：韦伯的原著名为 *Wirtschaft und Gesellschaft*，是以德语于1922年写成，1947年英文节选 *The Theory of Social and Economic Organization* 出版，《社会组织与经济组织理论》是从这个版本翻译而来。广西师范大学在《韦伯作品集》里出版，最终将其命名为《经济行动与社会团体》。）

管理行为中的有限理性判断
《管理行为》

女儿读中学的时候，我记得一个新学期开学时校长的讲话，简单概括为以下几点：第一，办中国最好的基础学校，办学生满意的教育，对学生负责，对社会负责，对中华民族负责；第二，我所理解的好学校的概念有三点：明确的办学理念，突出的校园文化，每个学生的潜力能够得到最大限度的发挥；第三，教师要把学生当成自己的孩子，把孩子当孩子；第四，任何人都没有资格居功自傲，每天大家都是在一个新的起跑线上；第五，办最好的学校就必须办出自己的特色，这种特色，只能蕴含在每个有特色的学生之中。

这段话让我再一次重新感受教育的本质，教育最根本的功能就是信仰与习惯的培育，从这个根本的功能出发，教育的基本点正是学生。如何培养学生，培养什么样的学生是一个教育工作者必须回答的问题，也是一个校长从事学校管理、做出所有决策的出发点，并以此为前提构建一个好的学校管理机制。我很认同以学生作为学校管理出发点的决策选择，同时用一个有效的管理机制来实现这个目标。

赫伯特 A. 西蒙的理论给予我很多帮助，也是上述联想的主要原因。西蒙对管理的贡献是人所共知的，他的《管理行为》被《公共管理评论》誉为"半个世纪以来的经典著作"，是社会科学思想方面最具影响力的著作之一，被诺贝尔奖评审委员会称为"具有划时代的意义"，西蒙也因此成为管理方面唯一获得诺贝尔经济学奖的人。这些称誉并不是我多年来关注西蒙的原因，我一直受西蒙的启迪是在于他对组织决策的分析和理解。西蒙认为：决策行为是管理的核心。西蒙通过对管理行为的细致观察，主张"组织里的行为是有限理性的"，这正是我非常认同他的地方。

在管理的现实中，我们常常感受到组织目标与个人目标并不完全一致的情况。我们可以从很多角度来分析为什么会存在不一致，这些多角度的分析都能够从一个侧面来解决问题，但是如果你了解西蒙的理论，你就会发现，西蒙给了更贴近事实的一个角度，这就是**个人目标可能不完全与组织目标保持协调一致，因为个人是有限理性的**。所以，人也会理智地努力提出个人目标，而对个人目标的追求，就会导致与组织目标无法保持完全一致的情形存在，甚至可能是两者背道而驰。

所谓个人的行为是有限理性的，通常的意思是说，个人的目标不是组织的目标，个人的行动依据是无效的、不完全的信息，他忽视自己行动的后果，他的情感蒙蔽了他的判断力，他只关注短期目标，等等。我们倒是很少指责个人的行动太随意，以致不可理喻。但是后者才是更为关键的，正是人们行动的随意性太大，导致了个人目标和组织目标的不一致性。

西蒙告知了我们一个基本的事实：个人行为达不到理性标准。让我们沿着西蒙的分析来理解这个基本的事实。第一，按照理性的要求，行为主体必须完全了解并预期每项决策产生的结果。而实际上，我们对决策结果的了解总是零零碎碎、不完整的。因为在结果没有发生之前，人们的预期常常会带有个人的偏爱，甚至不愿意花费精力了解全部信息。第二，由于决策产生的结果未来才会出现，所以在给它们赋值时，就必须用想象力来弥补缺乏真实体验的不足。但是要完整地预期价值还是不可能，一方面因为能力不足，一方面因为现实是一个变化的过程。第三，按照理性的要求，行为主体要在所有可行的备选方案中做出选择。而在真实的情况下，主体只可能想到有限的几个可行方案而已，没有人能够寻找到所有可行的方案。

西蒙所告知的这个基本事实，表明管理的关键是如何在有限理性的条件下进行选择，这也是作为管理者需要清醒认知的一个关键。我所观察的管理者，常常忽略了这个根本性的问题，以为在一个共同的组织中，只要目标明确、激励得当，组织成员就会一起努力去实现目标。如果出现个人目标与组织目标不一致的情形，只要调整激励或者成员本身，应该能够让组织成员一起努力去实现目标。不过事实与西蒙的判断一致，并不是以我们的认知为转移。

在教授《组织行为学》时，我同样强调组织目标的重要性，不过我深知，衡量管理水平高低的标准正是能否让组织目标和个人目标合二为一。大部分管理者都会从激励、人员胜任能力和素质、组织约束的手段层面去努力，我不反对这些选择。但是还是建议回到西蒙的理论中，首先要承认每个人是有限理性的，所以他对组织目标与个人目标的理解一定会存在差异性；其次每个人都是在对自己行动所处环境条件理解的基础上推导出未来结果的，并不是基于对组织的完全理解来做判断的。因此相对于组织而言，每个人都会有个人的决策偏差存在。

懂得这一点其实是非常重要的，因为我们在管理中常常认定目标是一个必须而且能够统合大家的东西，更多的管理者以目标为导向，围绕着目标来展开管理，相信目标可以带动管理并让目标得以实现。我需要说明的是，目标管理本身的意义是不容置疑的，目标也的确能够引领成员做出努力。问题的关键是，如何确保目标得以实现？为确保目标实现，就需要每个人的个人目标与组织目标保持一致性，如果个人目标与组织目标不一致，目标本身一定是无法实现的。所以管理者需要面对的，就是塑造每个人的行为指向组织目标，让个人目标与组织目标保持一致。

这就要求管理者应该最关注个人行为的整合机制，了解并能够运用个人行为的整合机制，才能够帮助组织目标的实现。西蒙在《管理行为》一书中告诉我们，形成个人行为整合包括三个主要的步骤：第一步，个人（或组织）大范围制定决策，决策范围包括个人活动所要实现的价值，实现这些价值所采用的一般方法，在政策限度内制定特定决策以及执行决策所必需的知识、技能和信息。第二步，个人设计并确立注意力的导向机制以及信息与知识的沟通机制，采用的方式要保证具体日常决策与实现规划相一致。第三步，个人在步骤一和步骤二所提供的基本框架下的日常决策和日常活动中执行计划。

一般的组织决策只能通过心理机制，给每个人提供决策所需要的价值观和知识，从而控制个人的行为。在群体行为中，同样有必要向执行计划者传达群体计划的信息。这并不要求对所有成员必须传达整个计划，但是每个人都应该知道自己的任务。在上述三个步骤中，决策信息的沟通一般最不受重视，执行效果最差。最常见的情况是，不考虑计划对群体各个成员的影响方式，让计划"强制"生效，没有有效的沟通，没有让每个成员完整地了解计划与其本人的关系，没有让成员清楚地知道自己的任务。发布程序手册之后，不去了解个人是否使用手册内容作为决策指南，不去关注反馈，不关注每个成员决策行为是否符合标准。虽然编写了书面的组织计划，但组织成员对此计划茫然不知，很多时候计划成为文档材料，搁置在电脑里或者文件夹中，成员以惯性或者经验去做决策，而决策的结果与组织的计划缺乏一致性。还需要提醒的是，如果我们忘记了个人行为是组织实现目标的根本要素，组织沟通就会失败。

这三个步骤非常明确地告知我们，行为整合机制是确保目标实现的有效手段，对于一个管理者来说，必须能够做到以上三个步骤，学会用这三个步骤来规范自己的行为。**行为整合机制可以简单概括为：确立一致的价值标准，再辅助以特定的知识和信息的沟通，以确保个人的日常行动和决策符合这个价值的标准。**

再回到我们关注的关键问题，即如何确保实现组织目标？西蒙给了一种简单的方法：**关注个人的有限理性，从行为整合机制出发，刻意地创造一个组织环境，这个环境迫使个人不得不选择一些要素，作为个人决策必须依据的"给定条件"，确保组织目标实现。**如果让组织目标得以实现，需要为个人决策创造一个特定的组织环境，让个人能够做出与组织目标相一致的选择。想想某一个时期的中国，人们生活在一个没有个人目标的时代，每个人的决策都是以组织目标为唯一选择依据，这样的组织环境，使得人们只为组织目标实现做出努力，不存在个人目标与组织目标不一致的情形。我并不认为这是一个合理的安排，但是从让个人目标与组织目标保持一致而言，那样的时代环境的确做到了。

回到校长的讲话中，当确定学生满意作为价值判断之后，这个学校展开构建有效管理机制的努力，并从创建校园文化入手，刻意地创造学校的人文环境，从软件入手再到硬件建设，使得教师把学生当作自己的孩子，把孩子当作孩子。让学生满意，使学生成长成为这个学校教师行为选择的方向和约束条件，教师也正是透过这个价值判断来约束自己的行为，使之服从学校和社会的要求，从而理解学校的含义和学校职能，学校也因为每个教师的努力实现了优秀学校的目标。正如西蒙所言：**管理决策的正确性是一个相对的概念——如果它选择适当的手段来达到指定的目的就是正确的。**

我所理解的只是《管理行为》一书很少的一部分，西蒙在该书中详尽地分析了两个方面的内容：首先是"有限理性"和"满意解"，其次是决策过程理论。西蒙提出，现实生活中个人和组织的决策需要一定程度的主观判断，这种判断都是在有限理性的条件下进行的。理想中的完全理性会使人们寻求决策的最优解，而现实生活中的有限理性则使人们寻求满意解。了解到这一点，可以让管理者快速地做出决策，寻找到解决问题的行动。有人曾说，在管理中没有完美主义，或许从这个意义上讲，的确如此。管理决策是适合的选择，而不是最优的选择。掌握了西蒙的"有限理性"，会帮助管理者关注基本的问题，从而获得适合的解决方案。

在决策过程理论中，西蒙把组织内部的活动分为经常性的和非经常性的两种情形。前者的决策为程序化决策，后者的决策为非程序化决策。这种区分能够使管理者在决策中快速做出选择，使决策能够取得成效。

该书中所做的分析和论证都会给予我们明确的指导，个人目标与组织目标的不一致性，"有限理性"与"满意解"以及"程序化"与"非程序化"，如果仔细阅读、用心理解，在今天这样一个信息瞬息万变的时代，在这样一个个人拥有足够知识与能力的时代，重读西蒙的《管理行为》一定会给予我们更大的帮助。

管理行为（珍藏版）

出版时间：2013-04-01
出版社：机械工业出版社
ISBN：978-7-111-41878-8
定价：59.00 元

内容简介

西蒙提供了一套分析复杂的组织管理行为的科学工具，使组织管理学成为一门真正的科学。如果说泰勒的开拓性贡献使管理学在生产操作层次上找到了科学基础，那么西蒙的《管理行为》则为管理学在组织管理层次上奠定了科学性基础。

西蒙从人类"选择"行为——决策入手，从人类抉择的逻辑学和心理学中发展出一套科学工具，构成了组织"解剖学"或者组织"生理学"，提供了研究组织管理行为的科学范式。本书主要包含两方面的内容，即"有限理性"和"满意解"——现实生活中的决策判断取决于有限理性，这种条件下，人们寻求的是满意解，而非最优解。决策过程理论——组织内部的活动分为经常性（程序化决策）和非经常性（非程序化决策），而经常性活动具有共同的决策过程。

《管理行为》的一个基本假定是：决策行为是管理的核心，决策的制定过程是理解组织的关键所在。在此基础上，《管理行为》认为，管理理论的焦点是"人类行为中的理性和非理性层面的分界线。管理理论尤其是关于绝对理性和有限理性的理论，就是关于因为没有寻求最优化的能力所以退而寻求满意的人类行为的理论"。

西蒙在《管理行为》中，试图证明组织管理中的决策行为是利用知识来识别问题、求解问题的过程，具有科学逻辑性。即使对那些利用直觉和判断进行的非逻辑性决策，也是"专家"建立在其长期的知识积累基础上的反映。大师级棋手能够利用直觉和判断下出妙手，是因为在大师头脑中存储了大量的"定式"，计算机专家系统可以辅助决策的根本原因也在于此。

作者简介

赫伯特 A. 西蒙（Herbert A. Simon，1916—2001），美国管理学家和社会科学家，经济组织决策管理大师，第十届诺贝尔经济学奖获得者。1916年生于美国威斯康星州密尔沃基，毕业于芝加哥大学，1943年获得博士学位。曾先后在加利福尼亚大学、伊利诺伊工业大学和卡内基–梅隆大学任计算机科学及心理学教授，曾从事过计量学的研究。他还担任过企业界和官方的多种顾问。他倡导的决策理论，是以社会系统理论为基础，吸收古典管理理论、行为科学和计算机科学等内容而发展起来的一门边缘学科。由于他在决策理论研究方面的突出贡献，他被授予1978年度诺贝尔经济学奖。

我们常常关注组织而忽略个体
《组织与管理》

20多年来专注于组织与文化管理研究,巴纳德著作的研读给了我极大的帮助。《组织与管理》这本书,让我更好地理解巴纳德所确立的贯穿现代管理理论的"以人为本"理念的思想基础。不论是泰勒还是法约尔,其理论的共同点是认为:组织是研究的起点,利润是研究的目的,手段侧重于专业分工和结构效率。即使是创立了人际关系学派的梅奥,其闻名的霍桑实验的立足点也恰恰是如何提高组织的效率。梅奥与泰勒的区别在于,梅奥是从人的社会性和心理感受入手来解决效率问题,而泰勒是从企业的管理技术和科学分析入手来解决效率问题。相比较而言,只有巴纳德才是从人本身来研究组织与管理问题,是真正的"人本管理之父"。随着时代的发展,科学管理已步入了成熟期,而巴纳德开创的人本管理仍然是充满生机的领域。

巴纳德的著作并不多,享有盛誉的就是《经理人员的职能》(*The Functions of the Executive*)和这本《组织与管理》。虽然《组织与管理》最初出版于1948年,但是,巴纳德的视角和思想至今发人深省,作为当年新泽西贝尔公司的领导人，他根植于管理实践的洞察力给我带来很多启示而且影响至今。

正如巴纳德在这本书开篇中所说的那样："本章写作的意图旨在扩展《经理人员的职能》一书中对组织的定义，开展对组织定义的讨论，并指出这种定义与组织理论的关系。组织的定义曾经使很多读者感到困惑，觉得对这些议题的探讨要么无法让人接受，要么就是让人觉得看不懂或不切实际。不得不承认，一方面，这是因为我们对组织定义的阐释不够精确；另一方面，这也是因为组织这个概念还刚刚兴起，人们也还是刚刚认识构成组织的诸多要素，例如授权、激励机制和组织间的沟通。"沿着这样的思路，围绕着组织与管理两个最基本的命题，巴纳德给了我如下的启示。

启示之一：组织存在的关键是个人对组织的服务，即对组织的目标有所贡献的行为。巴纳德认为"组织不过就是合作行为的集合"，"当两个或两个以上的个人进行合作，即系统地协调彼此间的行为，在我看来就形成了一个组织"，"世界上最简单的组织是两个人，甲和乙之间的商品交换"。组织能否发挥效用，取决于组织本身能否带动组织成员一致性的行为，大多数情况下，组织成员有着不同的目的和行为选择，如何让这些不同目的和行为的人集合在一起？其关键要素是什么？巴纳德告诉我们这个关键就是合作。巴纳德说："从人事的角度来看，（实现组织目标）这个目的只能排在第二位，不过它和发展个人这个目的同样重要。这两个目标结合在一起才是整个经理和人事的合理目标。"

巴纳德从顾客与组织的关系这个特殊的角度展开，透过购买行为来分析组织与成员之间的合作关系，让我们可以更直观地感受到个人与组织的合作关系，"因此组织的每个行为同时也是某个个人的行为和他对组织所做的贡献"。

我很喜欢巴纳德对组织的定义，以及**组合人们的关键要素是合作**的论断。这个界定明确而简单地阐述了组织内在的要素和核心价值，协同彼此行为，共同为目标做出贡献，这样的认知能够让组织中的每个成员清晰地知道自己与组织的关系，自己与组织中其他成员的关系。如果认同巴纳德的观点，组织中的每个成员就不会关注权力，而是关注贡献；不会关注自我，而是关注协同。由有如此认知的成员构成的组织，也一定会是富有成效的组织，组织目标的实现会如期而至。

启示之二：我们常常集中精力考虑组织的问题，而忽略了组织中的个体。 当组织出现的时候，管理逐步关注组织目标和组织本身，而忽略了个人。巴纳德在回顾历史中发现，"我们的时代迎来了现代公司和劳动力组织大潮，它们都强调个体间相互依赖、合作、协作是社会生活的主要层面。最终，形成了个体屈从于国家、社会和经济机器的认识。这种思想成了人们习惯性的思维。人们很少去考虑个人"。

我们所面对的事实是，正是有了个体才有了组织，虽然团队的效率取决于整个团体的组织和作用，但是也有赖于团队中每个人的作用，在实际工作中，我们很难去忽略其中的任何一个个体。在我所观察的企业中，忽略个体的现象比比皆是，组织订立很多制度，不断分解目标，强调效率和服从，但是没有考虑到个人是组织协作成功的关键因素。

针对这一现象，巴纳德要求管理者"如果致力于个体的发展是组织人事工作的重心的话，这么做一定要出自真心，而非策略，也不能仅仅只是为了提高工作效率而为。如果注重个人只是企业的噱头，目的是为了刺激生产，激发士气，那么这只能以失败告终"。所以，他提出人事关系中的福利制度问题，尤其强调企业应该建立合作型劳资关系，并明确地提醒人们正式组织中的身份制度，能提供组织成员前进的动力。

对于身份制度，巴纳德花费很多篇幅来阐述，因为他很清楚：所谓一个人在组织中的"身份"，指的是在现有的情况下这个人具备的各项条件，这些条件由他在组织中的权利、特权、豁免权、责任和义务构成。换句话说，由对他的行为的限制、规定和约束组成，而这些也决定了其他人对他的期望。一个组织中，当正确地识别某人的身份成为一项任务，所有成员又都认真地完成这个任务，当人们的身份都以不同的称号、头衔、称呼、身份的标志或者外在行为模式而为公众所熟知时，身份就逐渐制度化了。因而，我们需要特别处理好正式组织中的身份制度问题。

巴纳德所进行的以上这些问题的探讨，有着非常明确的实践价值。对于组织忽略个人的问题，对于组织"身份认同"的问题，都是经理人在日常工作中常常遇到的问题，巴纳德的研究提醒我们，必须真心地关注到组织中的成员，必须正确处理组织中的身份制度，让每个成员理解身份的真实含义，以及如何让身份发挥效能，而不是因为身份导致僵化与不协同。巴纳德对这些问题的探讨，都可以让管理者理解个人和组织之间的合作关系是需要特别关注的，如果不能处理好组织中个体能力的发挥，组织目标也就无法实现。

启示之三："情景领导"的概念。"情景领导"在今天的领导理论中有着重大的影响，看过巴纳德的这本书，才发现这部分的思考早已纳入他研究的范畴。

"领导力是包含领导者、服从者以及各种条件这三个变量的函数"，而"领导力包含的这几个因素可能会有无数个可能的组合形式"，为此，巴纳德认为没有任何一个领导者能适合所有的管理情景。那么，讨论一般情景下领导者的个人素质还有多大的意义呢？巴纳德告诉我们，应"着重强调的是组织的特点，而不是个人的"。这就意味着作为领导者，必须真正理解组织特点，并有能力去构建组织特点，为发挥领导效能创造自己的组织氛围，而不是依赖于个人能力来解决问题。

但是，他也就一般情况给我们以建议，领导者的"五大重要素质分别是：（1）活力和忍耐力；（2）果断；（3）说服力；（4）责任感；（5）智力水平"。巴纳德除了寻找出领导者这五个要素之外，还按照重要性排序。让人深思的是，"智力水平"排在了最后。巴纳德的理由是，智力水平对你成为资深的专业技术人员或许是至关重要的，但对于实施有效的领导，就只能居于次要地位了。仔细去理解这个理由，一方面可以看到巴纳德对领导者所具有的责任与担当的关注，远高于领导者智力的判断；另一方面也可以提醒我们，作为领导者更需要注重对组织的责任，而非依赖于个人的能力。

最后，巴纳德认为"领导工作的本质就是要务实，能看到行动的必要性，即使行动的结果不可预见，但是领导也要有理想，要设定一个高远的目标，这个目标必定要靠几代领导人的努力才能实现"。最后的这个部分，巴纳德把对领导者的要求表达了出来：既要脚踏实地，又要高瞻远瞩。虽然这似乎不容易做到，但如果的确想要成为一个合格的领导者，就一定要能够达到巴纳德的要求标准。

启示之四：未来社会经理人的基本素质。经理人应该具备什么样的素质，历来是人们关注的焦点，大多数情况下，在相同的道德品质的前提下，经理人各自具有不同的优势和劣势，所以要决定哪些素质更重要似乎很难。实际上，衡量这个问题的标准不是讨论一个经理人应该具备什么素质，而是看他实际行为的有效性。但是，等我们判断行为有效性的时候，事情已经发生，因此用结果来衡量，在实践中有意义，但并不是最好的方法。如果我们可以了解到经理人必须具备的基本素质是什么，我们就知道如何才能更好地培训经理人，我们便能够更好地应对当今社会面临的许多难题。

巴纳德正是从这个角度提出未来社会所需要的经理人的基本素质。他认为第一个素质是接受正规的教育；第二个素质是超强的智力水平；第三个素质是正确理解人事关系；第四个素质是具备劝说、表达与转换思维模式的能力；第五个素质是理解风险的可估性与不可估性。

所有阅读这本书的朋友，不妨自己对照一下，看看你们是否具备了未来社会所需要的经理人的五项素质。也许大部分情况下，经理人还在关心组织能力、权力以及自己的经验，对照巴纳德的基本要素，不难发现，巴纳德更在意经理人对不可预见的未来的能力，对协同资源创造价值的关注，并不关注经理人本身的经验。这个部分对我自己的帮助非常大，我建议大家能够仔细阅读。

启示之五：必须正视组织生存的关键影响因素。在这本书中，巴纳德探讨了民主管理的相关问题，在书中他提出四个命题："第一，'民主'所指的行为存在于合作型的体制中。如果一个社会充满了敌意、对立、孤立，或者不合作的现象，那么这样的社会没有民主可言。第二，民主和统治行为有关，这是一种帮助统治者决策的体系。第三，民主决策是重大的决策，要通过正式的程序来确定。这种决定不是由社会上几个个体随意的交流而决定的。也就是说，民主不仅仅是关乎社会的，它肯定是与国家的政府相关。第四，社会中的各种努力都得到了规范的管理和应有的注意，它们作为整体构成了一个正式的组织。通常，民主本身就提供了一个或者一套程序，在此程序下，正式组织进行运作并维持组织的工作。"

由"民主管理"命题的展开，巴纳德让我们了解到组织生存的关键影响因素：（1）管理体制的有效性相对于组织外在关系；（2）体制内在的效率，也就是体制是否有能力确保组织的凝聚力、协作和组织成员对具体指令的服从。在很大程度上，以上这两点相互依赖。如果一个体制不能肯定组织的哪种行为是有效的，那么这种体制就无法确保或者维系组织所需要的凝聚力、合作和服从，这或者是因为这个体制的失败或组织中的人认为这个体制行不通。相反，一个不能给组织带来凝聚力、服从和合作的体制也无法有效地指导组织的行动。因此，我们针对每一个管理体制所需要问的问题就是：这个体制能够在协调考虑组织外部环境的前提下决定组织的行动吗？这个体制是否能使组织成员服从组织决定，从而使组织能够有效地执行决定呢？这两个根本性的问题，可以使我们很好地判断所订立的体制是否合适并有效。

有关组织和管理的问题，是每个经理人所必须面对的问题，研读这本巨著，可以让我们更清晰地理解组织与管理的本质，并使经理人的行为更加有效。如果你还不能真正理解组织管理，还不能真正理解作为职业经理人所必须拥有的基本素质，还不知道领导力的真实内涵，还不能把握组织的定义，我极力推荐你仔细阅读本书。

组织与管理

出版时间：2014-01-01
出版社：北京理工大学出版社
ISBN：978-7-564-08271-0
定价：58.00 元

内容简介

《组织与管理》于1948年由哈佛大学出版社出版，集中体现了巴纳德对组织和管理的思考。研究管理必须从研究组织开始，巴纳德在《组织与管理》"组织的概念"一章中明确指出，研究组织和管理之前，首先要对组织和组织的动态特性给予详细的定义和准确的描述。

在巴纳德之前的组织理论，大多偏重专业分工和结构效率，对组织中的人员和与组织相关的人员则没有给予足够的重视，而巴纳德的组织理论弥补了这一重大的理论缺失。巴纳德认为"组织应该与投资者、供应商和顾客或客户的行为都息息相关。因而，组织存在的关键是个人对组织的服务，即对组织的目标有所贡献的行为"。

巴纳德不仅从社会学的角度来看待组织，而且以经济学家的头脑来解析组织。我们仅从"组织的概念"一章中，就可以看出巴纳德是如何把社会学概念用于分析组织与不同人员的关系，并通过逻辑分析的手段来建立自己的组织理论体系的。巴纳德的组织理论对于管理者来说具有高瞻远瞩的意义，他让管理者意识到组织的协作和组成要素绝不仅仅只局限在组织内部，正如他所指出的那样："组织的不同特性有助于区分和认定这些组织，但对这些特性的关注并不意味着我们就忘了组织是某种合作行为的集合。"

书中内容涉及人事管理、劳资制度、经理人员的素质和教育、组织的规划等诸多管理学问题。《组织与管理》让读者看到了巴纳德关于管理学最终出路的思考,在研究组织运行的基本规律的同时,巴纳德提出了组织和组织管理者的道德与责任感问题。他认为,组织的正规化要求组织与管理者树立责任优先的思想。

03
第 3 章

人的效率

人际关系中关键活动是激励人
《工业文明的社会问题》

中国经济发展的 30 多年间,我注意到一个事实:相对于 GDP 的增长,产业工人的增长并没有与此相匹配。一方面可以认为是从业人员对职业选择的调整,人们不愿意去做产业工人;另一方面表明过去对产业工人的关注和投入欠缺太多。这两方面的原因,导致一个以制造业为主的国家没能发展出发达的产业工人队伍。产业工人的缺失会成为制造业发展的制约因素,这一点在今天已经日益凸显出来。如何解决这个问题,埃尔顿·梅奥在《工业文明的社会问题》一书中给出了解答。

在管理学领域埃尔顿·梅奥的影响是人所共知的,20 世纪 20 年代前后,工人的觉醒和工会能力的提升、经济发展与周期性经济危机的加剧以及科学技术的应用,使得单纯应用古典管理理论和方法已不能有效地控制工人,以达到提高生产率和增加利润的目的。在这种情况下,一些学者开始从生理学、心理学等角度进行提高生产率的研究,其中管理史上最著名的也是最成功的研究实验就是"霍桑实验"。1927 年,美国管理学家梅奥应邀参与霍桑实验和对实验结果的研究,进行了历时 9 年之久的两阶段实验研究。在霍桑实验的基础上，梅奥于1933年出版了《工业文明的人类问题》一书，正式创立了人际关系学说，第一次涉及了影响员工生产积极性的社会与心理方面的因素，探讨了人际关系因素在生产与管理中的作用。1945年，梅奥又出版了《工业文明的社会问题》一书，进一步阐述了他的观点。

对于梅奥的观点，我试图简单做个概括，得出以下6点：

- 以人为本
- 人存在于组织环境中，而不是社会中
- 人际关系中的关键活动是激励人
- 激励是以团队精神为导向的
- 通过集体既能满足个人需求，又能实现组织目标
- 个人与组织都想以最小的投入获得最大的产出

在这6点主张中，梅奥紧紧围绕人如何发挥作用这个角度展开讨论并提出自己的看法，我们今天所强调的"以人为本"也是梅奥人际关系理论的核心思想，从梅奥开始，管理注重人的因素超越了设备的因素。梅奥深刻地认识到人与组织的密切关系，强调人存在于组织环境中，而不是社会中。这让我联想到中国文化对于人的理解："仁者，人也。"这个解释也明确地告诉我们，在两个人的关系中才能确定人。如果我们简单理解人的社会属性，而忽略了在组织中人与人之间的关系对每个人的影响，我们就无法真实地了解人，所以管理者需要在组织中理解人而非在社会中理解人。

人力资源工作是管理者自身的职责

梅奥通过霍桑实验发现**人际关系中的关键活动是激励人**，对于这个观点我尤为认同，我去观察管理者在日常管理中更多地注重什么，竟然发现，绝大多管理者把更多的精力放在事务性的工作中，很少花时间在员工

身上。他们寄希望于员工自己的能力和素质，寄希望于管理系统和管理制度，我承认员工的能力和素质以及管理系统和管理制度都会发挥作用，但是这些作用不会自然而然地发生，他们需要触动和推进，能够触动和推进的就是管理者对员工的激励。

如果了解梅奥的主张，管理者应该花更多的时间来关注人，关注人的成长和建设。最近我在看一些将军写的书籍，其中一个将军认为，一个好的军队管理，应该是三个层面的管理都要做到位：一线管理者管理队伍，中层管理者管理任务，高层管理者管理组织。这样的要求与梅奥的主张一致，可以供大家参考。

现实管理活动中，管理者在激励人方面做的努力真是不够，很多企业把人力资源工作归结到人力资源部门，认为这是一个部门的职责，是一种职能分工，这个理解是大错特错的。人力资源的工作是管理者自身的工作，不是一个职能部门的工作，如果人力资源工作是一个职能部门的职责而非所有管理者的职责，就会导致员工在组织中"自生自灭"的现象存在，有能力的员工自己成长起来，没有能力的员工自己丧失成长的机会。这种"自生自灭"的状态，会导致员工无法与组织一起成长，最终因为人力资源的缺失导致组织成长无法实现。这是一种非常可惜的浪费，因为每个员工能够被公司选择，都是因为他具备了公司所需要的任职资格，但是因为人力资源工作的缺失，让本已符合公司要求的员工，在其后的发展中不能与公司发展同步，从而无法继续发挥应有的作用。对于人力资源工作而言，只有每个管理者真正承担起这个职责，组织才能让人力资源发挥作用。

激励要以团队精神为导向

激励要以团队精神为导向是梅奥的又一个主张，梅奥的这个观点应该引起我们的重视。我们的管理实践中，在激励方式、激励手段以及激励的投入方面做了大量的努力，但是效果并不明显，很多公司的奖金已经不再具有激励效应，股权计划和年薪制度在更多的时候表现为一个必需的条件而不是激励，大多数激励措施都变成了保健因素，人们拥有的时候并未觉得满足，一旦缺失就会产生不满，企业动用的激励措施无法真正起到激励的作用。

这种现状出现的原因可能很多，但是核心原因是以个人成功为导向的激励不会真正发挥激励的效用。得出这样的论断是源于对现实的观察，大部分公司为了能够更好地界定每个人的工作绩效，往往把工作成果割裂开来，只为了能够分解到每个人，这样一来，人们会更关注自己所得，而不会去关注价值贡献，更容易导致为了个人绩效忽略必要的合作，甚至伤害团队成效以换取个人绩效。事实是，以复杂的经营环境工作特征来看，没有人能够一个人独立完成自己的绩效，用海尔的表达方式来说就是"工作评价来自于工作相关者"，个人成功需要团队来支撑，以个人绩效为导向的激励的理解和运用就明显无法达到预期的效果。今天是一个需要借用团队智慧和团队能力来发展的环境，运用以团队精神为导向的激励才会发挥效用。

常常有人问我**什么样的管理是好的管理，梅奥已经给过答案：通过集体既能满足个人需求，又能实现组织目标**。每一个人都需要在组织中获得个人目标的实现，但是组织又有着自己的目标，同样也需要实现，工业文明所带来的矛盾是组织目标的实现牺牲了个人目标，卓别林主演的《摩登时代》就是对这样的工业文明无声的控诉。但是霍桑实验表明，个人需求和组织目标的实现是可以相互融合的，通过对个人需求的关注和满足，可以促进组织目标的实现。这个发现具有非常重大的意义，让生产率和人的需求之间找到了平衡，同时也给管理指引了一个明确的方向，即把人和组织的目标联结在一起。

管理需要平衡这个构面，不能只关注组织目标而忽略个人的需求，也

不能只强调个人需求而伤害组织目标，只有两者都能得到同等关注并实现双方的目标，管理才能有效。因此，能够让组织目标和个人目标合二为一的管理就是好的管理。

趋利避害不仅是人的天性也是组织的天性，无论对于组织还是个人来说，他们都会衡量自己的投入产出，所以梅奥认为：个人与组织都想以最小的投入获得最大的产出。在这个方面理性的认识是非常重要的，组织之所以常常出现核心人才流失的现象，一方面是因为人才本身的选择，另一方面是管理者没有理解个人在投入产出方面所做出的衡量。绝大部分管理者会关注组织的投入产出，但是往往会忽略个人的投入产出，因为管理者坚持认为每个人都应该为组织做贡献。表面上看这个要求并不过分，但是如果从梅奥的观点来看却是错误的，因为忽略了人们对其投入产出的评估，而这个评估恰恰决定他们的行为选择。

在我看来华为非常理解梅奥的主张，在华为企业发展过程中，对人的投入产出一直给予明确的尊重，华为坚持"人力资本大过财务资本"，坚持"绝不让雷锋吃亏"。这两个根本性的立场，表明了华为对个人贡献的明确认同，并给予足够的激励和肯定，也正因如此，一个拥有15万员工的公司，才可以一直保持足够的活力和市场竞争力。

梅奥创立的人际关系学说，使西方的管理思想进入行为科学管理理论阶段，人际关系学说被广泛地应用到20世纪30年代的管理实践中，对当时的企业管理产生了重大影响。在此之前，企业的管理者常常将劳动者的工作和生活与机器、生产工具相比较。因此，可以想象人们在读到梅奥的著作时的惊诧了。梅奥的人际关系理论成为人们后来进行行为科学研究的基础。自此以后，围绕"人的个性、心理与行为"的研究启动，越来越多的管理学者、社会学及心理学研究者加入这一研究领域，最终使行为科学成为西方管理理论的重要流派之一。同时，理论的研究和发展反过来促进了企业管理人员重视人的因素，强调人力资源的开发，注意改善企业的人际关系，注意使组织的需要和成员的需要协调一致等。

"以人为本"已经成为今天的管理共识，如何与知识员工共同创造价值并在一个组织平台上高效工作，要求管理者更要不断地注重人力资源建设，注重团队建设，也必须注重每个成员的成长，这一切努力都是重要的而且切合实际的。虽然今天在人的能力和素质上，在管理环境的变化程度上，在组织系统的规模和复杂程度上与梅奥所处的时代相差甚远，但是梅奥所提出的 6 点主张却依然散发着理性的光芒，如果我们在新的环境下，重新理解梅奥的主张，深入而客观地理解"人本管理"的核心作用，对我们在组织中发挥个人效能，会有着极大的帮助。

工业文明的社会问题

出版时间：2013-05-01
出版社：北京理工大学出版社
ISBN：978-7-564-07680-1
定价：48.00 元

内容简介

乔治·埃尔顿·梅奥认为工业社会的根本问题，是工业的飞速发展导致产生了社会的反常状态。工业革命以后，社会在物质方面和技术方面的进步和成就是巨大的。但正是这种进步和成就，使社会失去了原有的协调与平衡。已近两个世纪的现代文明在人们的合作能力上没有扩大和发展，而在发展物质的科学的神圣的名义下不知不觉地做了许多事情损害着团体协作。《工业文明的社会问题》一书分为两个部分，第一部分是"科学与社会"，属于对支配管理观念的元理论探讨，第二部分是"临床式调研方法"，属于对霍桑实验以及其他类似的调查研究和分析论证。

"以人为本"是梅奥人际关系理论的核心思想。从梅奥开始，管理注重人的因素超越了设备的因素。人存在于组织环境中，而不是社会中，梅奥深刻地认识到人与组织的密切关系，强调人存在于组织环境中，而不是社会中。管理者需要在组织中理解人而非在社会中理解人。人际关系中的关键活动激励人，梅奥通过霍桑实验发现人际关系中的关键活动激励人是以团队精神为导向的。激励要以团队精神为导向是梅奥的又一个主张，通过集体既能满足个人需求，又能实现组织目标，是可以相互融合的，通过对个人需求的关注和满足，可以提升组织目标的实现。

趋利避害不仅是人的天性也是组织的天性，无论对于组织还是个人来说，他们都会衡量自己的投入产出，所以梅奥认为：个人与组织都想以最小的投入获得最大的产出。在这个方面理性的认识是非常重要的，在管理中之所以常常出现核心人才流失的现象，一方面是因为人才本身的选择，另外一方面是管理者没有理解个人在投入产出方面所做出的衡量。绝大部分管理者会关注组织的投入产出，但是往往会忽略个人的投入产出，还有管理者坚持认为每个人都应该为组织做贡献，之后再看得到什么。表面上看这个要求并不过分，但是如果从梅奥的观点来看却是错误的，因为我们忽略了人们对其投入产出的评估，而这个评估决定他们的行为选择。

作者简介

乔治·埃尔顿·梅奥（1880—1949），美国管理学家，原籍澳大利亚，早期的行为科学——人际关系学说的创始人，美国艺术与科学院院士。他出生在澳大利亚的阿得雷德，20岁时在澳大利亚阿得雷德大学获得逻辑学和哲学硕士学位，应聘至昆士兰大学讲授逻辑学、伦理学和哲学。后赴苏格兰爱丁堡研究精神病理学，对精神上的不正常现象进行分析，从而成为澳大利亚心理疗法的创始人。代表作有《工业文明的人类问题》《工业文明的社会问题》。

巴纳德的意义和经理人员的意义
《经理人员的职能》

当机械工业出版社华章公司的朋友告诉我巴纳德的《经理人员的职能》将要出版的时候，我特别高兴，因为我一直期待广大的中国读者可以阅读此书。

引起我关注《经理人员的职能》这本书，是源于1982年T. J.彼得斯和T. H.沃特曼在他们的畅销书《追求卓越》中对《经理人员的职能》的评价，两位作者说："它的思想博大精深，一时难以理解；尽管如此，它仍是一座纪念碑。"因为我非常喜欢和认同《追求卓越》这本书，两位我喜欢的作者的推荐，让我因此去关注巴纳德的相关著作。

还有一个同样我喜欢的作者也推荐了这本书，他就是战略管理学派的代表人物K.R.安德鲁斯，安德鲁斯再一次强调说《经理人员的职能》是一本需要反复阅读的书，"对于它的老读者来讲，仍然是重要的，并且继续在吸引着新的读者""我的论点是，这本书之所以能够存续下去，不仅是由于它出版以后对组织理论文献的影响，而且更重要的是由于它继续提供重要的但不容易得到的洞察力"。

美国《财富》杂志盛赞巴纳德为"可能是美国适合任何企业管理者职位的具有最大智慧的人"。对这位西方现代管理理论中社会系统学派的创始人,管理学界几乎一致认为:巴纳德关于组织理论的探讨,至今几乎无人能超越,西方管理学界称他是现代管理理论的奠基人。后来的许多学者如德鲁克、孔茨、明茨伯格、西蒙、利克特等人都极大地受益于巴纳德,并在不同方向上有所发展。

管理学界如此推崇巴纳德,使其对我产生很大的吸引力,正是因为巴纳德的重要地位和影响,我认真研读了《经理人员的职能》这本书,但是真正让我理解巴纳德,还是自己成为经理人之后对组织管理的理解和经理人角色的认识,也基于这样的理解,我愿意从另外一个角度来解读巴纳德。

巴纳德的意义在于告知我们组织是为实现个人生存目标和组织目标而存在的。他首先提出一套有关在正式组织中合作行为的综合理论。组织能否发挥效用,取决于组织本身能否带动形成组织成员一致性的行为。在大多数情况下,组织成员有着不同的目的和行为选择,如何让这些不同目的和行为的人集合在一起?其关键要素是什么?巴纳德告诉我们问题的答案就是合作。"经理人员的职能同组织的活力和持续所必需的所有工作有关,至少在组织必须通过正式的协调运营时是这样。经理人员的职能是维持一个协作努力的体系。它是非个人的。我们所讲的经理人员的职能,就好像相对于身体其余部分的,包括大脑在内的神经系统一样。神经系统指挥着身体的各种活动,以便使身体更有效地适应于环境,维持生存"。

巴纳德告诉我们,**组织基于合作,而合作基于个体生存的需要,组织是由于个人需要实现他自己在生理上无法单独达成的目标而存在的**。为了生存下去,这种合作系统就必须在实现组织目标方面是有效果的,而在满足个人动机方面是有效率的。**巴纳德有关合作系统的概念,其优点就在于"组织目标处于核心地位"的思想**。他深信,组织目标的制定,是经理人员特有的职能。只有组织目标的制定，才能使环境中的其他事物具有意义，组织目标是使所有事物统一起来的原则。巴纳德在本书的最后几节里，明确地表明了他的个人信念。在这部分论述中，他把组织目标与责任联系起来。其中，责任就是"组织目标制定的质量，是这种质量赋予人的行动以一种可信性和决断力，并使组织目标具有先见性和理想性"。

有关组织目标与个人目标的理解，对于做组织管理的经理人来说是极其重要的，在日常实践中，因为对这个问题的理解偏差，导致个人与组织的关系处于一种单向的状态中，经理人关注组织目标而常常忽略个人，个人关注自己的目标而常常处于被动之中。如果能够正确理解组织目标与个人目标的关系，就会知道个人与组织是双向互动、协调一致的。**组织目标本身就应该包含着个人目标，而个人目标本身必须朝向组织目标，协调个人与组织目标的职责就在于经理人本身，这是经理人明确的职责**，我们需要好好地问问自己做得如何。

巴纳德的意义在于告知我们，经理人员的职能重在维持一个庞大而复杂的协作努力的体系，他并不是在管理着一群人，而是在协调、指挥着组织的一系列活动。 正如巴纳德所云，一家公司的总经理亲自去推销商品或一个大学校长直接给学生上课等类似的工作不属于组织的管理工作，他这时只是在履行一个普遍组织成员的职能，但这些工作可能比其专门化的管理工作更有价值。实际上，经理人员的工作是管理工作和非管理工作的混合体，经理人员的职能重在维持一个庞大而复杂的协作努力的体系，他并不是在管理着一群人，而是在协调、指挥着组织的一系列活动。他不是独立的个体，其活动是非个人性质的，依存于整个组织的活动和组织的其他成员以及整个组织的活动，这些活动是休戚相关、相互联系、相互影响的。所以，巴纳德认为经理人员的职能是：（1）提供沟通体系；（2）发挥促进作用以便获得必要的努力；（3）提出和界定目的。由于组织的各项要素是相互关联和相互依存的，所以经理人员的职能也是这样。下面让我们更深入地理解巴纳德有关经理人职能的这三点结论的内涵。

提供沟通体系。经理人员位居信息交流中心这个关键职位，为了维持信息交流体系，经理人员需要完成两个重要的任务，第一是组织构造，第二是人员配置。

组织构造实际上就是指组织职位的确定，每个职位都有相应的职责，这些往往会通过组织图、职务说明书、分工规定等形式明确地表述出来。它包括组织所做工作的协调，即把目的分解为辅助目的、专门化、任务等；它们都属于经理人员的职能范畴。巴纳德在单独研究组织构造时，始终假设这些因素都是战略因素，其他的因素都是不变的，不过组织的目的除外，它可能会改变组织的构造且影响所有其他的因素。

人员配置方面包括经理人员的选择以及一般管理人员的配备。**经理人员的选择**需要从人员的素质和能力两个维度去判断。对经理人员的素质和能力的要求及措施主要体现在以下三点：一是组织人格。组织对经理人员要求的唯一最重要的贡献也是最普遍的资质，就是忠诚。有关忠诚的这种组织人格，也就是人们通常所说的"责任心"。二是提供有效的诱因。像对待组织中其他成员一样，为经理人员提供适当而有效的诱因。三是个人能力。在经理人员的组织人格得以肯定以后，接下来就是其个人能力必须合格。巴纳德将组织所需的经理人员的能力分为两类：较一般的能力和专门能力。前者指一般的机敏性、广泛的兴趣、适应性、调节能力、平静、勇气等；后者指特殊的素质和获得的技能为基础等方面的能力。**一般人员的配备**包括人员的选拔、晋升、解雇等工作，这些同配备经理人员一样也是维持组织信息交流体系的本质要素，没有这些，组织就不会存在。人员的选拔特别是人员的提升、降级、解雇等常常决定于监督或经常叫作"控制"的职能。

发挥促进作用以便获得必要的努力。如何促成组织中每个成员的个人努力是经理人需要付出极大努力的职责。这主要体现在以下两个方面：一是促使成员与组织建立协作关系；二是促使成员加倍贡献力量。经理人员如果想发挥这个职能，就要做到两点：第一，引发成员对组织的兴趣，使他们加入组织；第二，想方设法地采取各种措施和手段提供条件与帮助使成员能够同组织建立协作关系，力图使其成员为组织加倍地贡献力量。

提出和界定目的。目的的制定和分解是组织决策过程中的一项重要工作，更是经理人员理所当然要承担的重要责任。经理人员不仅要制定目的，还要设法让组织的所有成员都接受这个目的，经理人员在制定目的的时候，一方面自己要承担责任，另一方面要将部分工作授权给其他管理人员来完成。这样不但可以减轻经理人员的工作负担，更重要的是会使组织的其他管理层以及一线工作人员能够对组织目的有更清楚的了解和认识。制定目的毕竟只是一种手段，制定目的的目的就是为了让其能够实现，最终能促使组织的发展。

巴纳德有关这部分的阐述，让我们洞见管理的价值与魅力。我也是因为阅读巴纳德的著作，深切地理解了管理带来的价值和意义，如何让普通人能够借助经理人设定的组织系统，创造加倍的价值贡献。每每想到这里，我都为之振奋，真切地认同管理能够创造价值，并希望自己作为一个经理人如此这般去体认与实践。我也一直在自己的实践和研究中，表达相同的观点，管理应该是管"事"，而不是管"人"，管理是一系列的活动，从而帮助人们产生绩效。对照着巴纳德有关如何设计组织结构，如何配置人员的理论，看看我们是不是一个合格的经理人。

巴纳德的意义在于告知我们正式组织与非正式组织的区别。如何理解组织是发挥管理职能的关键所在，一些人会认为只要由人集合在一起就形成了组织，也有一些人认为只有协调彼此的行为才能称之为组织，这些不同的认识，导致不同的管理绩效，因此厘清组织认识本身，就显得非常重要。

巴纳德在这本书里，选择了一个全新的视角来阐述有关组织的命题，他从正式组织与非正式组织的维度来表达自己的观点，他说："正式组织是有意识地协调两个或两个以上的人的活动或力量的一种系统。在存在合作的任何一种具体情境中，都包含着几种不同的系统。有些是物质系统，有些是生物系统，还有些是心理系统等。但是，把所有这些系统组合成为具体的合作整体的共同要素，就是上述定义中所说的组织。"

巴纳德接着继续总结："当具备下列条件时，组织就生成了。这些条件分别是：（1）存在能够彼此交流的人；（2）他们愿意做出贡献；（3）为了实现共同的目标。因此，组织的构成要素主要有：（1）沟通交流；（2）做出贡献的意愿；（3）共同的目标。"而对于非正式组织的定义，巴纳德这样确定："我所讲的非正式组织，是指上面所描述的人际接触、相互作用和相关群体的总和。"为了阐明非正式组织的性质，巴纳德指出："与有意识形成的正式组织不同，非正式组织是由无意识的社会过程产生的。非正式组织往往会产生两类重要结果：（1）它使人们形成一定的态度、理解、风俗、习惯和习俗；（2）它为正式组织的产生创造条件。"非正式组织与正式组织的区分可以说是巴纳德非常重要的贡献，因为这个区分使得我们能够在组织中的个性需要和组织需要之间寻找到联结的方式。

如果一个人仅仅存在于正式组织中，他必须有为组织目标实现做出贡献的意愿，他必须和组织成员保持交流而且不能按照自己的喜好进行交流。正式组织对成员的这些要求，会给成员带来压力与紧张感，使得人们在正式组织中无法解决成员的个性需求，比如情感、爱好以及关怀。而这些需求可以说是一个人最基本的需求，必须寻找到一个能够承载这些需求的组织，这样才能够让成员真正安心地为实现组织目标做出贡献。巴纳德给出的非正式组织，就是承载人们情感、爱好等个性化需求的组织平台。因为非正式组织的存在，很好地释放了个人的需求，让每个成员能够找到情感的归属，又拥有正式组织所提供的价值贡献的机会，正式组织与非正式组织的结合，实现了个性需要与组织需要之间的协同。这是巴纳德给我启发最大的部分。

巴纳德的意义在于告知我们效果与效率的区别。在人们的管理实践中，总是无法平衡好效率与效果的关系，有时候会把两者对立起来，认为寻求效率就会牺牲效果，求得效果就会牺牲效率，难道没有可以整合两者的途径吗？

我们来看看巴纳德如何处理这两者的关系，在他看来"组织要想持续存在，有效性和效率都是必不可少的。而且，组织存在的时间越长，这两者的必要性就越发突出"。对于什么是组织的有效性也就是效果，巴纳德指出"组织的活力在于成员贡献力量的意愿，而这种意愿要求这样一种信念，即共同目标能够实现。如果在进行过程中发现目标无法实现，那么这种信念就会逐渐削弱并降到零。这样，有效性就不复存在了，做出贡献的意愿也就随之消失了"。也就是说，组织的效果实际上是组织成员对共同目标实现所认同的程度以及所贡献的程度，在组织成员认同组织目标并愿意为此付出努力的时候，组织效果最大。

对于效率的界定，巴纳德认为"意愿的持续性，还取决于成员个人在实现目标的过程中所获得的满足。如果这种满足不能超过个人所做出的牺牲，这种意愿也会消失，组织就没有效率。反之，如果个人的满足超过其牺牲，做出贡献的意愿就会持续下去，组织就富有效率"。也就是说，效率取决于组织成员个人获得和付出的比较。在组织成员的获得大于付出的时候，组织效率高；在组织成员的获得小于付出的时候，组织效率低。

巴纳德对效果和效率的区分虽然还比较生涩，但是仍然让我们关注到两个至关重要的问题：第一，组织目标的成员认同度；第二，组织对成员所得和付出的比较。这个提醒是非常有意义的。人们把效率与效果对立起来，根本的原因是忽略了个人的满足感与贡献意愿之间的关系，经理人需要了解，个人的满足感不足够时，组织效率是不可能存在的；而个人对组织目标的认同程度同样取决于个人的满足感是否足够，如果满足感足够就会有强的贡献意愿，强的贡献意愿会带来对组织目标的高度认同，组织效果也会因此而得到。因此效率与效果本质上讲是一致的，都是由个人满足感是否足够而导致。但是如果经理人对个人满足感不敏感、不关注，而是一味关注个人对组织目标的认同与价值贡献，一定会无法得到组织效果与效率。

巴纳德的意义在于告知我们组织管理中存在着自己独特的规律。阅读这本书给我的启发非常多，我自己所形成的关于组织管理的一般性认识都来源于此书，对于组织管理，巴纳德认为其有自己独特的规律，他关于权力与道德责任的阐述，同样给我极大的启发。

巴纳德提出了富有争议性的"权力"理论。他认为："权力是正式组织中沟通（命令）的一种特征，得到了组织贡献者或组织成员的接受，并支配着他们的贡献行为，即支配或决定什么是应该为组织从事的活动、什么是不应该为组织从事的活动。按照这个定义，权力主要包括两个方面的内容：（1）主体方面，即个人方面，把命令作为一种权力来接受；（2）客体方面，即命令得以接受的性质。"巴纳德所阐述的观点，明显地体现了他对"命令是服从的必要条件"这一古典思想的反对。为了支持这一定义，他认为有必要创造出"冷漠区"这一概念。巴纳德假定每个人都有这么一个区域：在这个区域中，个人对命令不加怀疑地加以接受。他解释说，日常的合作之所以成为可能，正是由于作为下属的个人具有接受权力的复杂机制。

"权力"理论的阐述，让我从另外一个角度来看组织管理，也就是说，**组织管理本身会透过"权力"形成一个组织氛围，这个组织氛围让下属接受命令即权力。**因此权力需要承担起自己的职责，让下属了解到什么应该做、什么不应该做。如果下属并不清楚应该做什么，权力本身失职。

巴纳德提出了经理人的道德水准和责任。他明确认为："经理人员责任的突出标志，是不仅要求它符合复杂的道德准则，而且要求它为别人制定道德准则。有关这方面的职能的最常见的工作是：在组织中确保、创造和鼓舞'士气'。这是向组织或合作系统和客观权力体系灌输观点、基本态度与忠诚的过程。这一过程会导致有关个人利益和个人准则的'小规定'服从于合作整体的利益,而且其中还包括树立工艺标准的道德(这也是重要的)。"

直到今天,企业组织的职业教育一直很关注责任的概念。在一个社会问题恶化、竞争和期望上升的时期,对经理人员的职业道德水准提出更高的要求,特别是环境污染、产业信誉、企业道德、经理人职责等话题,在今天都遭遇到前所未有的挑战和压力,巴纳德有关责任的论点在今天有着更大的社会实用性。尤其是巴纳德认为企业的存续时间同它的道德范围(或水平)相适应的观点,非常值得我们借鉴和思考。

巴纳德的重要性,已经有太多的人来叙述,不再需要我来增加赞誉,我反复研读《经理人员的职能》是因为巴纳德所探讨的问题是每个经理人正面对的问题,正如安德鲁斯所言:"他的伟大来自于他的抽象思维能力,来自于他把理论应用于职业经验的本领,来自于他对实践的敏感性和实战经验。在同时应用理论和实践这两种能力方面或发挥这两种能力的综合效力方面,我认为没有人能够超越巴纳德。正是由于这些原因,自《经理人员的职能》一书出版以来(直到今天),它仍然是专业经理人员所撰写出的有关组织和管理的最能给人以思想启发的巨著。"

经理人员的职能(珍藏版)

出版时间:2013-05-01

出版社:机械工业出版社

ISBN:978-7-111-42276-1

定价:49.00元

内容简介

《经理人员的职能》是巴纳德毕生从事企业管理工作的经验总结,他将社会学概念用于分析经理人员的职能和工作过程,提出了一套组织的理论,建立了现代组织理论的基本框架。巴纳德认为所有的组织都包含三个要素：合作的意愿、共同的目标和沟通。巴纳德从系统的角度全面地分析了"组织"这一社会构成，本书可以分为三个主题：对"组织"的理论分析、对组织人员的管理、经理人员的职能。

本书开创了一个组织管理研究的新时代，对经理人员的职能以及在社会系统中应该承担的责任进行了深入的分析。特别关注个体，再由个体拓展到组织，依次循序渐进，并强调个人合作和组织协调的重要性，进而对经理人员的职能和责任进行了深刻阐述，并别具匠心地运用联系的观点对经理人员的管理过程进行了剖析。

作者简介

切斯特·巴纳德（Chester I. Barnard，1886—1961），系统组织理论创始人，现代管理理论之父。切斯特·巴纳德是西方现代管理理论中社会系统学派的创始人。他在人群组织这一复杂问题上的贡献和影响，可能比管理思想发展过程中的任何人都更为重要。

在现代管理学领域，巴纳德可以说是首屈一指的大师级人物。他对现代管理学的贡献，犹如法约尔和泰勒对古典管理学的贡献。巴纳德是个罕见的天才——他是一个管理理论家，同时又是一个成功的商业人士。美国《财富》杂志盛赞他为"可能是美国适合任何企业管理者职位的具有最大智慧的人"。对这位西方现代管理理论中社会系统学派的创始人，管理学界几乎一致认为：巴纳德关于组织理论的探讨，至今几乎没有人能超越，西方管理学界称他是现代管理理论的奠基人。德鲁克、孔茨、明茨伯格、西蒙、马奇、利克特等人都大大受益于巴纳德。对于一个希望将传统组织改造为现代组织的经理人来说，巴纳德的书不可不读。同时，巴纳德也是第一位将决策提升为管理核心的人，这一观点此后得到西蒙、马奇等人的发展，衍生出决策学派。

领导方式的有效性取决于环境条件
《让工作适合管理者》

在讲授《组织行为学》这门课程的过程中,一直都有关于"什么样的领导方式才有效"的讨论,大家对这个问题有着各式各样的解答,更多的讨论不是领导理论本身,而是认为理论上所描述的各种领导方式虽然都正确,但是现实管理是多种模式一起发生作用,无法按照理论给定的模式运行。这种观点我也同意,只是我知道如果让一个管理者同时具有多种领导方式的能力是非常困难的,因此我们需要换个角度来认识领导理论。

有一个人很早就解决了这个问题,这个人就是弗雷德·菲德勒,菲德勒是美国当代著名心理学家和管理专家,他所提出的"权变领导理论"开创了西方领导学理论的一个新阶段,使以往盛行的领导形态学理论研究转向了领导动态学研究的新轨道。他本人被西方管理学界称为"权变管理的创始人"。

《让工作适合管理者》是菲德勒第一部系统阐述权变领导理论的著作,比较全面地体现了其思想框架,并提出了领导方式取决于环境条件的著名论断。这是一部被管理学家称为不可忽视的领导学理论著作,我自己也深深认同，不过对于我来说，更大的影响是菲德勒在分析领导者风格之后所给予的结论，他认为能够决定领导者领导效果的是环境条件，而不是领导者本身。

在菲德勒看来，领导效果完全是由环境条件是否有利来决定的。简单地概括就是，在环境条件非常有利或者非常不利的情况下，工作导向型的领导者容易取得成效；在环境条件处于中等有利的情况下，员工导向型的领导者容易取得成效，领导效果取决于环境条件。菲德勒进一步阐明了影响环境条件的三个根本因素，他据此得出三个最为重要的结论。

第一，领导者与成员的关系。这是指下属对其领导人的信任、喜爱、忠诚和愿意追随的程度，以及领导者对下属的吸引力。如果用我们通俗的说法，就是上下级之间的关系，这是最为重要的影响因素，起决定作用。

第二，职位权力。这是指领导者所处职位的固有权力，其所处的职位能提供的权力和权威是否明确充分，在上级和整个组织中所得到的支持是否有力，对雇用、解雇、晋升和增加工资的影响程度大小。这一地位是由领导者对其下属的实有权力所决定的。假定一位部门经理有权聘用或开除本部门的员工，那么他在这个部门中就比上级经理的地位权力还要大，因为上级经理一般并不直接聘用或开除一个部门的员工。

第三，任务的具体化。这是指下属担任的工作任务的明确程度，指工作团体要完成的任务是否明确，有无含混不清之处，其规范和程序化程度如何，是否能够让下属明确他所承担任务的上下所属的关系。

菲德勒认为，根据这三种因素的情况，领导者与成员关系或好或差，任务具体化程度，职位权力或强或弱，使得领导者所处的环境条件从最有利到最不利可划分为八种不同的情境或类型，其中，三个条件齐备是最有利的环境，三个条件都缺少是最不利的环境，每个领导者都可以从中找到自己的位置。

这是菲德勒理论核心的部分，但是这个理论给我的启示还表现在另外一个方面，也是我自己对他的理论的一个总结，这就是：**改变领导风格比改变环境条件要困难得多**。我觉得这个启示具有更现实的指导价值，因为很多人都期望自己的上司是一个"平易近人"的人，或者"通情达理"的人，或者"雷厉风行"的人，或者下属心目中的人。但是实际情况是上司很难与你期望的领导者风格相一致，在大多数的情况下，上司是具有自己风格特性的人，结果常常听到下属的失望和怨言，或者下属认为自己运气不够好，无法遇到一个与自己期望相一致的领导者。如果你也是这样想的，那么你真的就是错了。菲德勒的研究表明，领导风格是很难改变的，这是一个基本的事实，即便是这样，你仍然会取得成效，因为你可以调整环境条件，让环境条件适合领导者的风格。

我真是很喜欢菲德勒的这一点启示，如果如菲德勒一般去理解领导者成效的话，我们既可以处理好与上司的关系，也可以处理好与下属的关系。对于每个人来说，他需要理解自己所处的环境条件，特别是理解上下级的关系。如果上下级关系非常融洽，或者非常不融洽，作为领导者需要以工作任务为中心，这个时候领导成效高，如果你是下属，在这种情况下，你也应该是以任务为中心，而不需要在调整与上司的关系中费脑筋。如果上下级关系状态是中等情况，那么作为领导者就需要以关心员工为中心，这个时候领导成效高。所以关键是调整上下级的关系来配合领导者的风格。

菲德勒从领导风格入手，但是并没有局限在领导风格中，他很清楚地知道，没有什么固定的最优领导方式，任何领导形态均可能有效，关键是要与环境情景相适应，即应当根据领导者的个性及其面临的组织环境的不同，采取不同的领导方式。

菲德勒指出，适用于任何环境的"独一无二"的最佳领导风格是不存在的，某种领导风格只能在一定的环境中才能获得最好的效果。任何领导形态均可能有效，其有效性完全取决于所处的环境是否适合。菲德勒著作中关于领导方式取决于环境条件的著名论断,对其后的领导学和管理学的发展产生了极为重要的影响。同时,也对我们观察今天的领导效果给了一个全新的角度。

我们也经历了与西方许多研究者一样的阶段,就是争论究竟哪一种领导风格更为有效,特别是很多管理者不断强调注重领导风格的培育,领导方式的训练,这些我并没有反对,可是如果了解到菲德勒在大量研究的基础上提出了有效领导的权变模型,我们就应该知道,领导风格或者领导方式并不是最重要的,因为任何领导形态均可能有效,最重要的是领导方式或者领导风格是否与所处的环境条件相适应。领导形态的有效性完全取决于所处的环境是否适合,而不是领导风格本身。

让工作适合管理者

首次出版:1965 年

全书名:《让工作适合管理者》(Engineer the Job to Fit the Manager,又译《让工作适应管理者》)

内容简介

《让工作适合管理者》是第一部系统阐述权变领导理论的著作,这一理论开创了西方领导学理论的新发展阶段。

在许多研究者仍然争论究竟哪一种领导风格更为有效时,菲德勒在大量研究的基础上提出了有效领导的权变模型,他认为任何领导形态均可能有效,其有效性完全取决于所处的环境是否适合。在《让工作适合管理者》这一著作中,菲德勒剥离出影响领导形态有效性的三个环境因素。

第一,领导者与成员的关系。这是指下属对其领导人的信任、喜爱、忠诚和愿意追随的程度,以及领导者对下属的吸引力。

第二,职位权力。这是指领导者所处职位的固有权力,其所处的职位能提供的权力和权威是否明确充分,在上级和整个组织中所得到的支持是否有力,对雇用、解雇、晋升和增加工资的影响程度大小。这一地位是由领导者对其下属的实有权力所决定的。假定一位车间主任有权聘用或开除本车间的职工,那么他在这个车间中就比经理的地位权力还要大,因为经理一般并不直接聘用或开除一个车间的工人。

第三,工作任务的结构。这是指下属担任的工作任务的明确程度,指工作团体要完成的任务是否明确,有无含混不清之处,其规范和程序化程度如何。

菲德勒认为,根据这三种因素的情况,领导者与成员关系或好或差,任务结构或高或低,职位权力或强或弱,使得领导者所处的环境从最有利到最不利可划分为八种不同的情境或类型,其中,三个条件齐备是最有利的环境,三个条件都缺少是最不利的环境,每个领导者都可以从中找到自己的位置。

作者简介

弗雷德·菲德勒(Fred E. Fiedler),美国西雅图华盛顿大学心理学与管理学教授,兼任荷兰阿姆斯特丹大学和比利时卢万大学客座教授。菲德勒早年就读于芝加哥大学,获博士学位,毕业后留校任教。1951年移居伊利诺伊州,担任伊利诺伊大学心理学教授和群体效能研究实验室主任,直至1969年前往华盛顿。

弗雷德·菲德勒是美国当代著名心理学家和管理专家,他从1951年起由管理心理学和实证环境分析两方面研究领导学,他所提出的"权变领导理论"开创了西方领导学理论的一个新阶段,使以往盛行的领导形态学理论研究转向了领导动态学研究的新轨道。他本人被西方管理学界称为"权变管理的创始人"。

菲德勒的理论对尔后领导学和管理学的发展产生了重要影响。

如何有效地激发员工的工作积极性
《再论如何激励员工》

熟悉马斯洛理论可以帮助我们了解到，如何从满足优势需要出发去调动人的积极性的道理。具体到实际的工作中，管理者会面对的一个真实情况却是，并不能清晰地了解到员工真正的需要，马斯洛的需求层次理论无法在这个问题上给出答案。带着这个问题，我去阅读其他经典著作，"激励－保健因素理论"让我获得了答案。

如何真正有效地激励员工？这个问题激发了弗雷德里克·赫茨伯格的关注，赫茨伯格调查征询了匹兹堡地区11个工商业机构的200多位工程师、会计师。他要求被访者回答诸如"什么时候你对工作特别满意？""什么时候你对工作特别不满意？""愿意是什么？"等问题，赫茨伯格发现：受访人举出的不满的项目，大都是同他们的工作环境或者工作关系有关，而感到满意的因素，则一般都与工作本身或者工作内容有关。他把前者称为保健因素，把后者称为激励因素，据此，他提出了著名的"激励－保健因素理论"，即"双因素理论"。

这个理论的提出，可以让人们从外在需要、内在需要的区分及两者在调动人的积极性方面起着不同作用的角度，探讨如何更有效地激发员工的工作积极性。

从传统的思维习惯上，大家会认为满意的对立面是不满意，而根据赫茨伯格的双因素理论，满意的对立面不是不满意，而是没有满意，不满意的对立面不是满意，而是没有不满意。赫茨伯格探讨的这个角度非常特别而有意义，这就告诉我们，不能够简单地认为员工满意或者不满意，更加不能认为满意与不满意是对立存在的。也许大家会觉得这有些像文字游戏，但是问题的关键不是在于满意或者不满意，而是在于赫茨伯格要求我们从两个角度来看待员工积极性的发挥，也就是说，影响员工积极性发挥的因素可以分为两类：保健因素和激励因素，这两种因素是彼此独立的，并且以不同的方式影响人们的工作行为。

保健因素是影响员工积极性的外在因素，如公司的政策和行政管理、工资水平、工作环境、劳动保护、人际关系、个人的生活、职务和职位、工作的安全感。这类因素处理不好就会引发员工的工作不满情绪，处理得好就可预防和消除工作中的不满情绪。但是保健因素有一个最大的特点，就是不起激励作用，只能起到保持员工的积极性、降低员工的不满情绪、维持工作现状的作用。

激励因素是影响员工积极性的内在因素，它主要包括以下内容：（1）工作上的成就感；（2）工作中被认可的程度和获得赞赏；（3）工作本身的挑战和兴趣；（4）工作职务上的责任感；（5）工作中的发展前途；（6）个人晋升的机会。这类因素的满足，往往能够给员工带来极大的推动力，产生工作的满足感，激发出工作的热情，从而能够充分、持久和有效地调动员工的积极性，激发出更高的工作绩效。

赫茨伯格的双因素理论给予管理者的启示是非常重要的，我把它概括为三个认识。

第一，保健因素不会带来满足感，只能降低不满。保健因素作为基本的工作条件，必须使所有的员工都能够得到。而保健因素一旦确定下来，就应该确保员工能够充分使用和全面理解，因为如果员工不能够理解，就会造成不满情绪出现。同时，当需要对保健因素做出调整时，应该考虑到绝大多数员工是否能够获得并可以接受，对于那些获得保健因素的少部分员工来说只是降低了不满情绪，并不会有满足感，那些得不到的大多数员工会有不满情绪，一定会对工作结果产生负面的影响。

第二，激励因素会带来满足感。激励因素是一种内在的激励，更多来源于激励所激发出来的业绩、成就感和责任感。所以对于激励因素而言，一旦运用，就要确保少数人获得，这样才能够实现激励的作用，如果大多数人得到，激励因素就变成保健因素，反而导致员工从拥有满足感变成降低不满，起不到激励的效果。

第三，在实际工作中，保健因素和激励因素都需要使用，但是使用保健因素时，一定要确保员工获得的保健因素只能不断地提升而不能下降，一旦下降，员工的不满会大幅度提升；使用激励因素时，要确保不断调整激励幅度，使其与业绩挂钩，可以升也可以降，这样才可能起到激励的作用。

上面是理论认知层面的理解，在现实工作中，我们则需要特别关注这样一些事实。

工资水平的改变并不会带来好的激励效用。很多人问我：为什么我的企业工资水平在行业里很有竞争力，但是员工的工作绩效并不是行业里最好的？每每遇到这个问题，我都会用保健因素的理论来为大家解释，因为工资是保健因素，不是激励因素，我们不能期望工资带来更多的激励效果。薪金是保健因素，所以对于工资来说，这是员工的基本工作条件之一，无论你在工资上如何慷慨，员工层面上工资都是必须提供的一个基本条件。当员工觉得工资水平合适时，不会有不满的情绪；当员工觉得工资水平不合适时，一定会不满。提升工资时，员工虽然会有一个时期的高兴情绪，但是很快他们会视其为正常而失去了激情。所以，不能够期望工资会带来好的激励效用，工资最大的作用就是降低不满。

如果所有员工都拥有奖金，奖金就会降为保健因素。早在20世纪80年代初期，刚刚改革开放的企业学会了用奖金来激励员工，应该说那个时期奖金对业绩的效果起到了非常明显的激励作用。但是随着奖金逐步的扩大，人们发现奖金好像没有什么作用了，甚至很多员工会习惯于奖金发放，没有奖金时，员工会提出疑问：为什么没有奖金？相反，员工不会想：我凭什么获得奖金？奖金失去效用的原因就是成为了保健因素。奖金是因为与业绩相关，并能够彰显成就而成为激励因素。但是在很多组织中，人们习惯了所有人都有奖金，结果导致奖金作为激励因素而不再具有激励效用。因此如果要保持奖金仍然为激励因素，就要保持奖金只能少数人获得，并且必须与业绩高度相关。

如果一个因素既是保健因素又是激励因素，优选激励因素。在很多情形下，管理者会发现有些因素同时具备双因素的特征，比如一些福利待遇、学习培训、物质报酬等，出现这种情况的时候，我们建议尽可能地让激励因素发挥更大的作用。千万不要让激励因素降为保健因素，而是要想办法让保健因素变为激励因素。

在实际的工作中，赫茨伯格的双因素理论给了我相当大的指引。动用工资、奖金、福利等激励资源时，我们需要考虑其所能发挥的激励效用，有的放矢地使用，一定会得到更好的效果。就如一家企业原来打算40%的员工涨工资10%，后来他们调整了方案，让80%的员工涨工资5%，这样一来，工资的成本并没有改变，但是工作情绪有了巨大的差别，前一个方案因为只有40%的员工涨工资，工资是保健因素，结果导致60%的员工不满，而那40%的员工只是降低不满并没有满足感；后一个方案80%的员工虽然没有满足感但是也没有不满，不满的员工只有20%，整体的工作状态提升了一大截。

又如，一家企业把所有的福利由保健因素改变为激励因素，这家企业把福利项目分成20个等级，分别有不同的业绩分数对应，如果一个员工拥有80分的业绩成绩，那么他就可以选择福利项目中与这个分数相符的项目或者几个项目的叠加。福利项目做出这样的设计时，很多员工都很努力地去获取业绩分数，以确保自己获得更多的福利项目，这就大大地激发了员工争取业绩的积极性。我也在自己服务的公司运用过这一理论，效果的确令人鼓舞。

不过，在激励理论当中，赫茨伯格的双因素理论受到的批评是最多的，主要集中在两点上：一是批评的人认为将保健因素和激励因素截然分开是不可能的事情；二是赫茨伯格认为满意和生产率的提高有着必然的联系，而实际上满意并不等于劳动生产率的提高。对这两点批评我也持有相同的意见，但是这并不妨碍我对赫茨伯格的认同，我更倾向于对赫茨伯格双因素理论的全面把握，用以指引实际管理工作。注重外在因素的稳定性和确定性，注重内在因素的变化性和有效性，一方面逐步提升保健因素，降低员工在工作中的不满情绪，另外一方面有效使用激励因素，提升员工在工作中的满足感，只有两个方面相互发挥作用，员工的积极性才能够真正调动起来。

在激励因素理论取得成功以后，1968年，赫茨伯格在《哈佛商业评论》杂志上发表了《再论如何激励员工》这一成果，再次回顾了双因素理论出现的背景和该理论的内容，分析比较了在这个问题上各种理论学派的观点及他本人的理论所处的地位，由此引出了职务丰富化的论题，介绍了职务丰富化的原则和实际应用。该文重印后共售出100万份，使其成为该刊有史以来最受欢迎的作品。双因素理论促使企业管理人员注意工作内容因素的重要性，特别是它们同工作丰富化和工作满足的关系，因此有着积极的意义。赫茨伯格指出，满足各种需要所引起的激励深度和效果是不一样的。他的理论指导了诸多管理人的管理实践，随着时代的进步与生产技术的发展，赫茨伯格的理论越发显示出应用性价值。

再论如何激励员工

首次出版：1968 年

全书名：《再论如何激励员工》（*One more Time：How do You Motivate Employees?* 又译《再论如何激励职工》）

内容简介

《再论如何激励员工》是赫茨伯格最为著名、影响力最大的著作。双因素理论促使企业管理人员注意工作内容因素的重要性，特别是它们同工作丰富化和工作满足的关系，因此有着积极的意义。

20世纪50年代末期，赫茨伯格及其同事对代表着匹兹堡工业横断面的200位工程师和会计进行了一次调查。其结果显示，让职工感到满意的往往是如下五种因素：成就、赞赏、工作本身、责任、进步。最容易导致职工不满的也有五种因素：良好的公司政策与管理方式、良好的上司监督、工资、人际关系、工作条件。赫茨伯格的研究中有两点值得我们注意：第一，导致工作满意感的因素与导致工作不满意的因素是彼此独立而不同的。第二，这两种感觉不是相互对应的。工作满意相对没有工作满意、工作不满意相对没有工作不满意。产生对工作不满意的因素是由于人们强烈要求他们物质和社会需要不被剥夺。赫茨伯格在积累大量资料的基础上得出结论，对工作满意起主要作用的因素（占81%）是关心增长和发展的激励因素，而对工作不满的主要因素（占69%）则是因为环境的因素。

作者简介

弗雷德里克·赫茨伯格（Frederick Herzberg，1923—2000），美国心理学家、管理理论家、行为科学家，双因素理论的创始人。赫茨伯格曾获得纽约市立学院的学士学位和匹兹堡大学的博士学位，以后在美国和其他30多个国家从事管理教育和管理咨询工作，是犹他大学的特级管理教授，曾任美国凯斯大学心理系主任。赫茨伯格在管理学界的巨大声望，是因为他提出了著名的"激励与保健因素理论"，即"双因素理论"。双因素理论是他最主要的成就，在工作丰富化方面，他也进行了开创性的研究。主要著作：《工作的激励因素》《工作与人性》《管理的选择：是更有效还是更有人性》等。

人的潜能和价值
《人类激励理论》

美国心理学家亚伯拉罕·马斯洛在1943年出版的《人类激励理论》一书中,首次提出了"需要层次理论"。马斯洛认为,人类需要可以大致分为生理需要、安全需要、交往需要、尊重需要和自我实现需要,并且它们是由低级到高级逐级形成和发展的。

生理需要是指人类满足自身生存的一种最原始、最基本的需要,主要指人们获得衣、食、住、行、性、休息、健康等方面的基本满足。

安全需要是指人们对自身的安全如劳动安全、职业安全、环境安全、生命安全、财产安全和心理安全等方面的需要满足。

交往需要也称爱与归属的需要,或者社会需要,这一层次的社会心理需要是指要进行社会交往、与朋友保持友谊、与家人享受天伦之乐并被某些团队所接纳和认可。

尊重需要是个人获得他人的承认、信赖、尊敬而产生的一种自信、自立、自重、自爱的思想情感,在这样的感觉下,人们往往觉得自己是有能力的,对环境是有影响力的,尊重需要的满足能够使人对自己充满信心,对社会充满热情。

自我实现需要是人的一种最高的需要，人们会在上述需要得到满足之后产生出发展潜能、实现自己的理想、成就一番事业的需要，这种需要与人的价值观有着极大的关系，这种需要的产生有赖于前四种需要的满足，只有在基本需要得到满足的基础上，人才会产生人生的最高追求，才能最大限度地发挥自身的潜能和创造力，实现自己的抱负和理想，使人的价值最终得以实现。

马斯洛需要层次理论的基本观点可以概括为：

- 五种需要像阶梯一样从低到高，按层级逐级递升，但这种次序不是完全固定的，可以变化，也有种种例外情况。
- 一般来说，某一层次的需要相对满足了，就会向高一层次发展，追求更高一个层次的需要就成为驱动行为的动力。相应地，获得基本满足的需要就不再具有激励的力量。
- 五种需要可以分为高低两级，其中生理需要、安全需要和交往需要都属于低级的需要，这些需要通过外部条件就可以满足，而尊重需要和自我实现需要是高级的需要，它们需要通过内部因素和外部因素同时起作用才能够满足，并且一个人对尊重需要和自我实现需要是没有止境的。
- 同一个时期，一个人的需要可能有几种，每个时期总有一种需要占主要支配地位，对行为起决定作用。一般情况下，任何一种需要都不会因为更高需要的发展而消失，各层次需要相互依赖和叠加，高层次需要发展后，低层次需要依然存在，只是对行为的影响程度大大减少。
- 更需要注意的是，如果最低层级的需要尚未得到满足的话，低层次的需要最有影响力。

马斯洛的需要层次理论在管理学领域的地位和影响不需要我多做描述，我所感兴趣的是，人们对马斯洛需要层次理论的理解比较多地停留在关注需要层次本身，并没有关注到马斯洛希望人们理解需要层次之后所要展示的意义。在我看来马斯洛需要层次理论中，最具价值的地方就是他所关注的方向：人的潜能与价值。

管理者都清楚，激励在组织管理中是一个不可或缺的技能，也是个体行为研究的核心内容，激励与员工的工作行为、工作业绩和个人的满意程度有着直接相关的关系。激励被定义为一系列引导人们以特定的方式行事的管理活动，激励与个人的能力及其所处的环境共同决定了个人的绩效。这里我们可以了解到，**一个人的工作绩效是由三个关键因素决定的：个人的能力、工作环境、激励**。从这个意义上讲，激励的重要性非常明显，可以清楚地看到激励直接关乎人的价值，这也正是马斯洛所关注的方向。所以，我们理解马斯洛需要层次理论，要基于对人们潜能发挥的层面来进行，只有人的需要潜能被发挥出来，人才会创造价值，激励才能发挥作用。

但是观察管理者，会发现常常有一些违背马斯洛需要层次理论的方向的现象存在，比如，一些管理者只是简单地理解员工的需求，把给予员工的一切条件都作为激励条件，没有很认真地理解员工潜能与激励之间的关系。如果按照马斯洛的观点，员工个人的潜能不同，所给予的激励应该不同。一些管理者坚持员工先要奉献和付出，激励再做相应的配合，表面上看这也没有不妥的地方，但是对于员工来说，由于并不清楚他付出努力之后能获得什么，所以员工在付出时应该是有所保留的，这样一来就无法使员工发挥最大潜能，进而创造最好的业绩；部分管理者认为员工个人能力是关键，其实如果适当激发，就会发现员工的潜能无限，一个人通过激励可以超越自己的极限，这样的例子比比皆是。

管理者的问题出在：割裂了**个人潜能和激励之间的正向关系**，没有了解人的潜能是需要激发而不是自然而然产生的，更没有了解个人需要的满足一方面决定人们工作的积极性，另一方面也决定人们的创造性。**不能这样去理解和认识人的潜能与激励的关系，就无法真正获得激励的效用。**

马斯洛需要层次理论还提醒一个需要注意的问题，就是前面我提到的第五点：未被满足的低层次需要最有影响力，管理者往往忽略了这一点。很多管理人员都会认为，每个人都希望得到更高层次需要的满足，这一点似乎是对的，但是必须了解到，大部分人对低层次需要的满足看得会更重一些。因为这些需要是人与外部沟通的表现，也是一个人立足于这个社会的基本条件，如果这些需要不能满足的话，这个人所感受到的失落是无法形容的。低层次需要如果没有被满足，就会产生巨大的影响，这也是我们看到日常生活中，一些人会因很少的钱财就会做出非常错误的行为，这在一部分人看来根本就不可思议，但是在未被满足低层次需要的人看来是非常必要的行为。

研读马斯洛需要层次理论，可以让人们理解人的潜能的无限性，这个理论同时解决了潜能和价值之间的关系问题，这正是这个理论的真实意义所在。我很高兴自己能够在这本书的阅读中，感受和领会了这层深意并能够在实践中运用。

动机与人格

出版时间：2007-04-01
出版社：中国人民大学出版社
ISBN：978-7-300-08008-6
定价：48.00 元

内容简介

《动机与人格》是"人本心理学之父"、当代最伟大的心理学家之一马斯洛最重要的著作之一。在书中，他提出了许多精彩的理论，包括人本心理学科学观的理论、需要层次理论、自我实现理论、元动机理论、心理治疗理论、高峰体验理论等。需要层次理论是马斯洛心理学中影响最大的理论之一，至今仍在多个学科领域和实际工作中发挥着巨大的影响力。

作者简介

亚伯拉罕·哈罗德·马斯洛（Abraham Harold Maslow，1908—1970），美国心理学家，以需要层次理论最为著名，为一种心理健康的理论，认为首先要满足人类天生的需要，最终达成自我实现。马斯洛曾于布兰戴斯大学、布鲁克林学院、新学院与哥伦比亚大学担任心理学教授。其心理学理论核心是人通过"自我实现"，满足多层次的需要系统，达到"高峰体验"，重新找回被技术排斥的人的价值，实现完美人格。他认为人作为一个有机整体，具有多种动机和需要，包括生理需要、安全需要、爱与归属需要、自尊需要和自我实现需要。马斯洛认为，当人的低层次需要被满足之后，会转而寻求实现更高层次的需要。其中自我实现的需要是超越性的，追求真善美，将最终导向完美人格的塑造，高峰体验代表了人的这种最佳状态。

（注：《人类激励理论》的原著是《动机与人格》(Motivation and Personality)。）

下 篇

管理的特征：结果评价

我们始终可以受益于这些经典研究成果，正是源于这些理论是对管理实践中重大问题的提炼，正是源于运用这些理论的企业取得了巨大的成功。这些经典理论能与领先企业有效的互动，带动了领先企业的高速发展，并引领了世界管理的方向。在近百年的管理实践中，不管外界环境如何变迁，科学技术生产力如何发展，管理大师在那些经典研究成果中所提出来的管理问题依然存在，总结的管理规律经验依然有益，研究的管理逻辑依然普遍，创造的管理方法依然可行。为什么？因为这些研究都是面向管理实践的，这些理论都是被结果检验的。其实践的属性决定了这些研究对管理实践活动的深刻洞察和归纳提炼，从而推动实践成效的提升。这些研究都是被企业实际绩效结果检验的。其结果评价的本质决定了这些研究来源于企业具体实践活动和具体成效，因此，结果评价是这些经典的管理研究成果价值贡献的核心特征，同时也是管理活动的基本特征。

04

第 4 章

企业管理基本原理

管理者必须卓有成效
《卓有成效的管理者》

记得十年前看到《卓有成效的管理者》一书，就被这本书的思想深深打动，一是这本书的结论——管理者必须卓有成效；二是德鲁克先生得出这个结论的方法——深入企业实际。这十年间，我正是跟随德鲁克先生的思想和实践的步伐，走上了自己研究的路向和方式。为了自己的研究课题东奔西跑，一直处在跋涉之中，从十年前对中国家电企业的实际寻访开始，随后开始涉猎不同的行业和地区，深入企业实际寻访的习惯保持了下来，无法停步。这样的研究习惯，今天回想起来，的确是受到德鲁克先生的影响。

德鲁克先生对管理领域的贡献并不需要我们去注释，但是对于中国的管理者来说，他的价值却更加宏大。一直以来，我们在管理中耗费了极大的精力，也做出了极大的努力，但是成效却不尽如人意。近30年来，中国企业的经理人在不断学习各种方法与新理论。但是，正像是当中国企业界人士翘望杰克·韦尔奇中国之行的时候所最终感受到的失望一样，人们发现，韦尔奇神话无法在我们身上实现。难道是这些理论错了？没有。难道是我们没有学到真东西？也不是。那些理论都是对的也是真的，问题在于，我们自己对管理的理解只对了一半。

我曾经写过一篇文章，题目就叫"组织管理我们只是理解对了一半"，我用这个标题，就是想清晰表达我们对组织管理的误解。我当时是探讨组织管理的特性，但是放下组织不谈，管理本身我们的理解也是一知半解，管理最为重要的作用，就是把人们联系在一起共同实现目标。人类为了生存和发展，需要有管理，这是因为管理有潜在的优势：它能使单个人所做不到的变成做得到的；它能通过分工，取长补短，从而取得比个人所能取得的效果之和大得多的整体效应；它能超越个人的生命而持续不断的发展。因此，怎样提高组织整体力量就成为管理中永恒的主题之一。如果是这样的话，管理者就承担了这个最重要的使命：提升整体的力量，延续个体的生命。

在遇到德鲁克先生之前，我没有完全理解管理者的价值，在《卓有成效的管理者》这本书里，德鲁克先生清晰地指引了管理者的价值所在。我尤为认同他对卓有成效的理解和判断，更加真实的是，德鲁克先生让我们知道卓有成效是可以学习的。

在这本书里，德鲁克先生告诉我们传统管理者与有效管理者的区别是什么，在德鲁克先生看来，传统的管理者的第一个特征是：专注于烦琐的事务中，因为他们只是关心发生的事务，所以这些管理者所有的时间都在处理别人的事情上，简单说就是传统管理者的时间属别人。传统管理者的第二个特征是：身在岗位上，处在什么岗位上，就用什么样的思维方式来看待问题，所以导致部门之间的不合作，导致很多管理者"屁股指挥脑袋"，不知道整个系统所需要的条件是什么。传统管理者的第三个特征是：只是专注于事务，但是忽略了人的培养，他们总是认为没有人能够成长起来，下属总是不能够很好地完成任务。在观察德鲁克先生所描述的传统管理者时，我发现大部分管理者都具有德鲁克先生所描述的传统管理者特征，这也是我们的管理效率不够好的主要原因。那么什么是有效的管理者？我把对德鲁克先生观点的理解转变为我自己的语言，简单说，有效的管理者就是关注时间管理、关注系统思考、关注培养接班人。

我喜欢德鲁克先生对管理者的一个描述：**管理者就是贡献价值**。他这样定义管理者："管理者本身的工作绩效依赖于许多人，而他必须对这些人的工作绩效负责。""管理的主要工作是帮助同事（包括上司与下属）发挥长处并避免用到他们的短处。"这是管理者的价值所在，如果管理者能够贡献自己的作用，让下属和上司发挥绩效，管理者自身的绩效也就表现出来；如果管理者自己发挥绩效并替代所有的下属或者上司，那么这个管理者就不能称之为管理者。

我喜欢德鲁克先生对管理的一个描述：**管理就是承诺**。这个描述简洁而深刻，确定明确的边界，管理就是承诺，其承诺的内容包括三部分：

- **承诺目标**。结果目标的承诺是回答"做什么"以及"做到什么程度"的问题。看起来这是一个非常简单的问题，但是一些管理者并没有这样做，并没有切实地认为结果目标是一种承诺。所以看到公司的目标是一种形式，因为管理者对目标的反应决定了员工承诺的水平，也就决定了为实现目标所投放的资源成效是否理想。所以如果需要实现目标，管理者必须对结果目标有明确的承诺，员工才会达成其各自绩效结果目标，以支持总目标的实现。

- **承诺措施**。执行措施的承诺是回答"如何做"的问题。管理者的努力就是寻找到实现目标的措施，并使措施能够贴近员工的实际。如果管理者不研究措施，不能在方法上和工具上给予员工帮助，管理工作的结果就不会得到，有效性就会大打折扣。所以为达成绩效目标，员工与管理者对完成目标的方法措施必须达成共识，并将执行措施作为工作的内容，以确保结果目标的最终达成。

- **承诺合作**。合作的承诺是回答"与谁做"的问题，管理所需要解决的问题就是管理者和被管理者之间的合作分工问题，没有分工与合作，管理是不存在的。为提高团队绩效，高效推进关键措施和结果目标达成，管理者就要与员工交流，确保员工愿意参与和支持承诺。

有了承诺，管理才能够真正具有有效性。《卓有成效的管理者》的发表，让管理进入了真实境地，解决问题，贡献价值。因为德鲁克先生，管理变得卓有成效；因为德鲁克先生，管理者释放了自己的价值。德鲁克先生对管理者成效的解析，体现了其管理精髓的痕迹，我们真的很有幸，能够在这些企业实际的运作中，寻找到德鲁克先生，因为他的存在，整个管理课题能够被释解。流连于德鲁克先生的精髓中，那是管理理论的精髓，也是企业生命的精髓，真是如痴如醉。

2005年德鲁克先生逝世时，我曾经写过一篇纪念文章，在文章里我写道：以我自己浅薄的认识，一个人生命的价值，就看他曾被多少重要的课题溶解过。这种溶解的体验是一种重大的人生享受，也许能够表述得出来，也许无法表述出来，甚至有时候表述本身倒成了一种失落，在这个时候想念德鲁克先生，有种很失落的感觉，在他完全被管理所有课题溶解的生命中，他所享受的并不仅仅是"大师中的大师"的称号，更是21世纪管理能够面临挑战的答案，但是，我无法再看到他智慧的新思维了。

我一直很想成为德鲁克先生的一个交流者，这种交流在路上、在书房里、在课堂上、在企业细微的管理上。每每翻看德鲁克先生的书籍，有着路上遇到了投缘者的感受，常常喜不自禁。夜晚，我常常在先生的书前静想，当夜幕把现代浮华全都遮掩之后，所有风尘满面的管理跋涉者有多少差别呢？去年年底和今年年初，我一直被一种情绪所影响，我曾经列出这些影响我情绪的因素，我知道那是我对中国企业发展所感受到的不安，我不断地在德鲁克先生的思想中求证我的感觉，但是我发现还是没有完全参透，还是一知半解，也许应该回到德鲁克先生对中国管理者的忠告上去找寻。德鲁克先生说："管理者不同于技术和资本，不可能依赖进口。中国发展的核心问题，是要培养一批卓有成效的管理者。他们应该是中国自己培养的管理者，他们熟悉并了解自己的国家和人民，并深深根植于中国的文化、社会和环境中。只有中国人才才能建设中国。"我们并没有做到德鲁克先生所断言的那样，这是我不安的真正来源。

了解了德鲁克先生，你就会了解管理者的责任，我们可以借助于德鲁克先生清晰而明确的阐述，了解管理者真正的价值和贡献，也只有对管理者价值的热切关注，我们才会释放管理应有的效能。对德鲁克先生来说，企业和管理远不仅仅是现实意义上的那一种，他知道有一个巨大的空间存在，他更清晰地知道这个巨大空间所蕴含的深厚时间，他因此领悟了自己的宿命。如果没有对这一切命题的真切感受，如果不是对世事和管理的痴迷，我想不会有德鲁克先生这些透彻的思考和精确的阐述。

卓有成效的管理者（珍藏版）

出版时间：2009-09-01
出版社：机械工业出版社
ISBN：978-7-111-28071-2
定价：30.00 元

内容简介

一群平凡人，能做出不平凡的事业吗？这是完全可以做到的——只要我们组织中的每个人都能做到卓有成效。卓有成效可以学会吗？卓有成效是可以学会的。每个人都必须卓有成效吗？卓有成效是管理者必须做到的事，但是在所有的知识组织中，每位知识工作者其实都是管理者——即使他没有所谓的职权，只要他能为组织做出突出的贡献。管理者的成效往往是决定组织工作成效的最关键因素，并不是只有高级管理人员才是管理者，所有负责行动和决策而又有助于提高机构工作效能的人，都应该像管理者一样工作和思考。如何卓有成效？记录并分析时间的使用情况，把眼光集中在贡献上，充分发挥人的长处，要事优先，有效决策。

《卓有成效的管理者（珍藏版）》中，德鲁克先生集中论述了一个管理者如何做到卓有成效。这本书是德鲁克先生最著名的管理学著作之一，倾注了德鲁克先生极大的心血。一位卓有成效的管理者，一般具有以下6个特征：（1）重视目标和绩效，只做正确的事情；（2）一次只做一件事情，并只做最重要的事情；（3）作为一名知识工作者，他知道自己所能做出的贡献；（4）在选用高层管理者时，他注重的是出色的绩效和正直的品格；（5）他知道增进沟通的重要性，他有选择性地搜集所需要的信息；（6）他只做有效的决策。

作者简介

彼得·德鲁克先生（1909—2005），管理学科开创者，他被尊为"大师中的大师""现代管理学之父"，他的思想传播影响了130多个国家；他称自己是"社会生态学家"，他对社会学和经济学的影响深远，他的著作架起了从工业时代到知识时代的桥梁。1909年彼得·德鲁克先生生于维也纳的一个书香门第，1931年获法兰克福大学国际法博士学位，1937年与他的德国校友多丽丝结婚，并移居美国，终身以教书、著书和咨询为业。在美国他曾担任由美国银行和保险公司组成的财团的经济学者，以及美国通用汽车公司、克莱斯勒公司、IBM公司等大企业的管理顾问。为纪念其在管理领域的杰出贡献，克莱蒙特大学的管理研究生院以他的名字命名；为表彰他为非营利领域所带来的巨大影响，国际慈善机构"救世军"授予德鲁克先生救世军最高奖项"伊万婕琳·布斯奖"。他曾连续20年每月为《华尔街日报》撰写专栏文章，一生在《哈佛商业评论》上共发表38篇文章，至今无人打破这项纪录。他著述颇丰，包括《管理的实践》《卓有成效的管理者》《管理：使命、责任、实务》《旁观者》等几十本著作，以30余种文字出版，总销售量超过600万册。其中《管理的实践》奠定了他作为管理学科开创者的地位，而《卓有成效的管理者》已成为全球管理者必读经典。他曾7次获得"麦肯锡奖"；2002年6月20日，获得当年的"总统自由勋章"，这是美国公民所能获得的最高荣誉。20世纪80年代，德鲁克先生思想被引入中国；2004年，德鲁克先生管理学全面进入中国的管理教育。2005年11月11日，德鲁克先生在加州克莱蒙特的家中溘然长逝，享年95岁。

管理实践的基本原理
"彼得·德鲁克先生管理系列"㊀

　　管理是一种实践，其本质不在于"知"而在于"行"，其验证不在于逻辑，而在于成果，其唯一权威就是成就，这些话耳熟能详，却在每次的聆听后又能给予自己新的启发。德鲁克先生有关管理实践的思想是这样的，其中蕴含着看似不太复杂的基本原理，但如果你把它时常记在耳旁，每次的实践都会带给你新的收获。我反复阅读德鲁克先生的管理著作，收获巨大，如果用归纳的方式做个梳理，我认为德鲁克先生的思想可以称为管理实践的基本原理，核心表述如下。

结果只存在于外部

　　卓有成效的管理实践之前提是要了解企业，1954年德鲁克先生在《管理的实践》中指出："如果我们想知道企业是什么，我们必须先了解企业的目的，而企业的目的必须超越企业本身。事实上，由于企业是社会的一

㊀ "彼得·德鲁克先生管理系列"已由机械工业出版社出版。

分子，因此企业的目的也必须在社会之中。"德鲁克先生也曾告诫我们："对所有的企业来讲，我们都应该记住的最重要的一点就是结果只存在于企业的外部。商业经营的目标是让顾客满意，医院的目标是治愈病人，学校的目标是使学生学到一些在10年后参与的工作中能使用到的知识。而在企业的内部，只有成本。"

德鲁克先生对**企业的目的给出的唯一答案就是"创造顾客"**，要了解企业就要了解企业的外部，要了解企业的外部就要从企业的顾客开始，这正是德鲁克先生管理实践的基本逻辑。所以，对管理的实践，德鲁克先生给出的**首要问题就是"我们的事业是什么"**。这是在企业实践的时间坐标上，不论今天和明天企业都必须要面对和思考的问题，用德鲁克先生的话来讲，这个问题不只在企业初创或深陷泥沼时才需要提及，当企业一帆风顺时，更需要提出这个问题，并且需要深思熟虑，详加研究——假如没有及时提出这个问题，可能导致企业快速衰败。"我们的事业是什么"是决定企业成败的最重要的问题，而回答这个问题，只能从顾客那里寻找答案。

德鲁克先生结合《管理的实践》创作的时代背景，通过讲述西尔斯的故事来阐明这一问题，而西尔斯成功的关键就在于在不同的时间坐标上恰当地回答了这一问题，或者说，由合适的人在合适的时间对合适的顾客做出了合适的事业。

创始人理查德·西尔斯是一个精明的投机商，他大量买进亏本销售的商品，然后，通过大肆做广告，再整批售出，是一种典型的由内而外的推销方式，然而其本人的经营活动难以称得上"经营企业"，因为在那个时段西尔斯并未针对合适的顾客采取合适的事业。西尔斯公司真正成为一家现代企业是从20世纪开始，当时西尔斯公司看出美国农民代表了一个被隔离而独特的市场，由于农民与世隔绝的生活形态，他们无法接触到既有的销售渠道，也由于农民不同于城市消费者的特殊需求，他们自成一个独特的市场，尽管个别农民的购买力很低，但全体农民却代表了几乎从未被开发的庞大的购买潜力。为了接近农民必须创建一种新的销售渠道，必须生产能够符合农民需求的产品，必须向农民输送大量低价的并能保证经常供应的产品。由于闭塞的客观条件使得农民不可能在货物装运前检验商品，或者在遭受欺骗时寻求赔偿，因此供应商必须给予农民一种可靠和诚实的保证，"我们的事业是什么"的关键问题在上述企业外部分析中找到了明确的答案。朱利叶斯·罗森沃尔德首先开始系统地开发商品渠道，发明了定期发行内容翔实的邮购目录，推出了"保证质量，否则退款"的政策，这些基于外部了解得来的首创和发明为西尔斯带来了其第一阶段发展的成果。西尔斯第二阶段的成果同样得益于对外部环境的敏锐洞察和准确把握，20世纪20年代中期罗伯特 E. 伍德根据农民的变化做出的事业调整使西尔斯再次获得了收获。

从第一阶段的成果到第二阶段的成果，沿着这个思路下去，我们会发现，其实德鲁克先生给出了常胜公司的秘诀，即合适的时间做合适的事情，时钟的价值就在于与时俱进，否则就是一个摆设，这正是百年基业的前提。

由此，管理的实践必须要知道在各个时期"我们的事业是什么"，实践中要沿着这一基本问题向两边延伸，展开对问题的系统思考。

"我们的事业是什么"向外延伸的问题是定义企业的使命和宗旨，正如德鲁克先生所言，"企业遇到挫折和失败的最重要原因，也许就是缺乏对企业宗旨和使命的思考"。如果把企业宗旨和使命视作企业文化的核心价值观，那么这种核心价值观的表述和践行也应当以外部的顾客为出发点，而从内部出发的仅仅可以算是对产品业务的描述，或者说是为将来被淘汰的业务所做的伏笔，因此所起的更多的作用是对业务发展的限制和进行创新的阻力，正如德鲁克先生所说，在企业内部的只有成本。这也验证了德鲁克先生的又一句名言，**一家企业只能在企业家的思维空间之内成**

长。一家企业的成长被其经营者所能达到的思维空间所限制，企业家的思维到底是停留在企业内部还是外部，以及对外部理解的程度都会直接反映到企业所定义的使命和宗旨中，并最终反映到企业实践的持续力中来。

我一直在思考德鲁克先生思想旺盛的生命力，最后我发现其长盛不衰的原因就在于作为旁观者的德鲁克先生思维空间如此之开阔，以至于后人的所有优秀作品的重要观点几乎都可以从其思想中找到根源。如同赵曙明教授对《管理的实践》的评价，"现代管理学的大厦就建立在这本书所提出的一系列思想的基础上。时下大部分流行的管理思想和管理实践都可以从这本书中找到根源，包括目标管理、参与管理、员工知识管理、客户导向营销、业绩考核、职业生涯管理、事业部制分权管理、企业文化、自我管理团队，甚至最近非常流行的平衡计分卡都可以在这本书中找到根源"。㊀汤姆·彼得斯也承认，"我们在《追求卓越》中所写的所有内容，在《管理的实践》一书的某个角落都能找到"，而核心竞争力的创始人之一迈克尔·哈默更是说，"我双手颤抖着翻开德鲁克先生的早期作品，因为我害怕发现他在几十年前就预见了我最新的思想"。㊁

德鲁克先生的思想可以被不同的个人和组织所接受并且应用于不同的领域，《德鲁克的最后忠告》的作者埃德莎姆在其书中说，即使在育儿这一领域，德鲁克先生的书也能提出一些很好的建议。德鲁克先生用毕生的实践履行了其"致力于改善人类生活"的使命，所以我们有很多人都成了他的顾客。德鲁克先生的成果也正是来自于他的外部，吉姆·柯林斯在《基业长青》中所描述的百年组织都拥有这样伟大的使命，而阿里巴巴之所以能够大有作为就在于其"让天下没有难做的生意"的使命，当然，比使命更加重要的是实践，就像德鲁克先生倾力实践他的使命一样。

"我们的事业是什么"前向延伸出一系列子问题："我们的顾客是

㊀ 引自赵曙明为《管理的实践》作序"管理学的奠基之作"。
㊁ 引自吴振阳为《德鲁克的最后忠告》所做序文。

谁？""顾客购买的是什么？""在顾客心目中，价值是什么？"这些都是营销战略必须要解答的基本问题，德鲁克先生也曾做出回答。"顾客所购买的，并认为有价值的东西，绝不是一件实实在在的产品，而始终是'效用'，即一件产品或一项服务可以为该顾客做些什么，带来什么影响"。德鲁克先生很早就已经意识到顾客需要的不是产品而是方案，原因就在于其能够站在企业的外部考虑。德鲁克先生不坚信对产品质量的执着，"制造企业认为'质量好'的东西并不是奠定领先的基础，无论某个产品的品质看起来有多么好，只有顾客认可制造企业的想法，它才能奠定领先地位"。

产品的质量对于顾客来说可能相对无关紧要，但要生产出这种产品，企业很可能要付出艰苦努力、面临各种困难和付出巨大代价，但顾客不会被制造企业遭遇的各种烦恼所打动，他唯一的问题是，而且应该是，它能为我做什么呢？然而，现实中这种对产品质量的执着正是很多企业老板一直在努力做的事情，甚至外部的需要会被有些老板自己的情感所替代，尽管他们也都知道有个名词叫作"顾客导向"，但实践上他们并没有跳出企业内部的限制，因此，有些企业的发展与其说是被市场所限，不如说是被自身的思维所限。

德鲁克先生有一句名言对我帮助极大，这句话就是，**如果你把"功绩"从你的词汇表里抹掉，用"贡献"取而代之，那么你将在经营中获得最佳的成果**。贡献能够使你把工作中心放到合适的地方——客户、员工和股东。"贡献外部"是基于正确理解"结果只存在于外部"这一原理而做出的实践。1966年，德鲁克先生在《卓有成效的管理者》中指出，"重视贡献，才能使管理者的注意力不为其本身的专长所限，不为其本身的技术所限，不为其本身所属的部门所限，才能看到整体的绩效，同时也才能使他更加重视外部世界才是产生成果的地方。因此，他会考虑自己的技能、专长、作用，以及所属的单位与整个组织及组织目标的关系。只有这样，他才会凡事都想到顾客、服务对象和病人。事实上一个组织之所以存在，不论其产品是商品、是政府的服务，还是健康医疗服务，最终目的总是为了顾客、为了服务对象或为了病人。因此，重视贡献的人，其所作所为可能会与其他人卓然不同。"

企业如果能够在顾客需要的领域做出独一无二或者数一数二的贡献，收获是随之而来的事情，企业自身的需要必然要通过对顾客的贡献来获得。此外，价值链成员之间、组织成员之间的关系从本质上而言都是贡献关系，只有他们在实践中做到相互主动贡献，才能保证整个价值系统为顾客做出应有的贡献。

实践必须有成效

管理必须要付诸实践，要去做事情，但是我们又必须承认一个事实，实践未必都是有效的。因此需要提醒自己，实践必须要有效，如果实践不能取得成效，将是对管理所调用资源的极大浪费，绩效不存在，管理也就无从谈起。

德鲁克先生的管理实践强调企业成果，不论企业对产品投入了多少努力，哪怕是产品可以为顾客带来极大价值，但是如果产品卖不出去，或者说无法到达顾客手中，之前一切投入就都是无效的。1964年，德鲁克先生在《成果管理》中指出："产品必须有市场，市场与分销渠道常常比产品更加重要。除非产品进入市场，被顾客购买并实现某种最终用途，通过分销渠道呈现在顾客的面前，否则用经济学的术语说，产品实际上是不存在的。"

看到一家家企业凭借渠道优势获得成果时，更加感叹德鲁克先生的远见。此外，除了强调重视渠道，德鲁克先生对渠道效果有着更加深刻的系统理解，"分销渠道同时也是顾客，而同时不是顾客的分销渠道是不存在的，作为分销渠道，一方面它必须与产品相'适应'，另一方面必须与市场、顾客和最终用途相'适应'。但是产品反过来必须符合与众不同和重要顾客的需要,而这样的顾客就是产品的分销渠道。如果对于产品或市场来说,它是错误的渠道,失败就是不可避免的。产品不会进入它的市场,不会被顾客购买,不会产生成果。但是,如果产品是错误的产品,或如果产品的战略是错误的,那么分销渠道作为顾客是不会采购产品的"。德鲁克先生这一段思考的本质意义在于,要确保"产品、渠道、顾客"的两两有效匹配才能保证实践成果的输出,即产品要与顾客价值有效匹配才是一个有效的产品或产品战略,渠道必须能和顾客做到有效接触才有价值,而有效的产品和有效的渠道本身应当是相互吸引的,如果不能相互吸引,必然是其中的某一方出现了问题。

德鲁克先生曾这样形容一件没有意义的事情是多么无效,"可能没有任何事情比防止尸体腐烂发臭花费更多而且更难了",这听起来是再明显不过的道理,当然没有人会傻到一个劲儿地去为防止尸体发臭而花费,但问题的关键在于,很多人意识不到自己在做的事情是腐烂发臭的尸体,所以才会有很多公司浪费了时间、精力和宝贵的资源来防止其尸体腐烂发臭的现象。作为一个旁观者,如果看到对方在做这样的事情,那么你要做的不是告诉对方所谓的放弃原理是什么,这个他和你一样清楚,而是要论证其在做的事情本身是一个"已经发霉的尸体"。作为当局者,要有意识地提醒自己审视目前所实践的事情是不是一个"已经发霉的尸体"。

用人的实践必须行之有效,企业一定要明确用人是来做事情的,否则,人力就完全沦为企业的成本,而**人是资源不是成本是德鲁克先生反复强调的**。这并不能责怪被用的人,只能得出用人的实践是无效的结论。实践本身的过程并不程序化,也没有明确的对错之分,只要能达到期望的成果,就是有效的实践。德鲁克先生在《卓有成效的管理者》中曾经举过这样的例子,一个明星如果能带来高额的票房,即使其脾气暴躁也无关紧要,剧院经理之所以成为经理,恰恰是因为他能容忍明星的暴躁;第一流的教师会不会奉承校长，肯不肯在教务会议上安静而不咆哮，都没有什么关系，校长之所以应聘为校长，就是为了使第一流的教师和学者能够教学有效。

所以，即使在其他方面不太愉快，也是值得的。在《非营利组织的管理》中，德鲁克先生还举了马歇尔将军和其助理争论用人的例子，当其助理说，"某某上校是我们最好的教官，但是他总是和上司相处不好，如果他要是去国会作证，只会把事情搞砸，他实在是太粗鲁了"。马歇尔会问，"他的任务是什么？不就是去部门当教官吗？只要他是一流的教官，就应该重用他，其他的事情我来处理"。就这样，马歇尔在最短的时间内，以最少的食物建立起了世界上前所未有的大规模军队。所以在某些情况下，为了结果容忍自己惯常无法容忍的行为就是一种有效的实践。在这一点上，管理者应当明确，不论面对的是什么人，不论选取何种实践手段，必须要能保证结果，即把事情做好，否则，与人的所有互动实践都是无效的。这也从一个侧面投射出老板和职业经理人的关系，管理所面对的"1＋1"总是充满变数，双方的互动究竟能创造出多大的价值，还是要回归到用人的实践层面来回答，更多的主动权仍然在老板那里，关键要看老板有没有行之有效的意识和为此而调整自我的意愿。

实践会调用各种资源，而只有充分释放资源的效能，实践才算有效。德鲁克先生曾经问杰克·韦尔奇："如果你的客厅闲着，你能不能把它借给别人用一用呢？"德鲁克先生认为，如果你没有激情来做好某一项特定的业务活动，可以找到一个兼具专业技能和激情的同盟者来做这项工作，这样往往能把工作做得更好。要通过专业并且富有激情的同盟者将通用雄厚资源的效能充分释放，所以韦尔奇也说："通用公司意识到自己不可能成为世界上最好的软件设计者，于是比其他企业早 20 多年就找到一家对软件设计充满激情的印度企业，来帮助自己做这方面的工作。"在德鲁克先生的启发下，韦尔奇逐渐将这种模式发展成为时下流行的"无边界组织"。很多企业把拥有资源当作自己的强项，而事实上，释放资源效能的能力才能构成企业真正的优势，因为资源必须经过有效的实践才算有效。

德鲁克先生常说，效率是做好事情，效果则是做对事情。务必要把对的事情做好，这就是实践必须有效。这个实践原理在技术环境巨变的条件下，尤其值得我们去理解和运用。

健康持续的成长

德鲁克先生曾经形象地表述了企业成长的性质，一家企业必须要能区分错误的增长和正确的增长，区分肌肉、脂肪和肿瘤，区分的原则很简单：**能在短期内促使企业资源的总体生产力得到提高的任何增长都是健康的，只能导致规模扩大却不能在相对短的时间内促进总体生产力提高的增长，就是脂肪，任何导致生产力下降的规模增长，就是肿瘤，应该迅速而彻底地通过手术切除**。由此，我们可以得出一个最基本的结论，成长首先必须是健康的才有效。

德鲁克先生在《管理的实践》中表示，"企业规模最大的问题就在于成长问题"，德鲁克先生专门用一章来陈述"大企业、小企业和成长中的企业"，无论是小企业、中型企业、大企业还是超大型企业，德鲁克先生更多的是在担心规模所带来的问题。事实上，**规模与领先、规模与利润都不存在正相关的关系**，在《成果管理》中，德鲁克先生指出，大不等于领先，在许多行业，规模最大的公司绝不是利润最高的公司，这是因为它在产品系列的发展、市场的供求或技术的应用上无法做到与众不同，更不用说独一无二了；第二位或甚至第三位通常更有优势，这是因为企业可以集中精力应付某一个细分市场、某一类顾客、某一种技术应用，而真正的领先常常源于这些方面。许多公司认为它们可以或者应该可以在其涉足的市场或行业内的所有方面都居于领先地位，事实上，这是妨碍其取得领先地位的主要障碍；而同时，在《旁观者》的序言中德鲁克先生又写道："当然，

'小就是美'和'大就是好'一样是无聊、愚蠢的口号，我们看看造物者创造的那无穷无尽的物种就可以了。"

尽管如此，很多企业仍然迷恋于规模的信仰，认为规模会自动带来领先和利润，而对于规模的盲目追求也暴露出它们之间不存在相关性的原因，一是盲目追求规模导致顾客价值的缺失，这也是规模已过百亿的三鹿瞬间倒台的根本原因；二是盲目追求规模导致多元化战略逻辑的缺失，即无法做到资源的有效协同和共享，反而适得其反，导致范围和规模不经济，这都是不健康的成长。由此可知，成长并不是一味地追求规模的增长，更多的是要考虑将顾客价值的满足与自身能力相匹配，将价值增长作为健康成长的前提。

尽管德鲁克先生已经明确企业的目的不是赚钱而是创造顾客，但是德鲁克先生也对利润对企业成长所起到的必需作用加以肯定。在《管理的实践》中，德鲁克先生指出，企业的首要任务是求生存，利润则是充饥和成长的面包。在《成果管理》中，德鲁克先生也说，任何公司无论大小，如果所有方面的利润都非常少，它是承受不起的。利润非常低的企业、产品是无法长期生存的，更不用说创造利润了，它只是苟且残喘，勉强存在，它的存在得益于其他企业的迟钝，只要市场出现风吹草动，它迟早会被挤出市场。因此，企业成长需要有正确的利润观，既不能把利润当作成长的动机，同时又必须确保成长之路所需的养分。

最后，企业和个人都要注意，不论环境如何变化，成长都是必须要进行的事情，否则就是在与进化论唱反调，这就是成长的持续性。德鲁克先生曾经打过一个比喻，即使设在钢丝绳下方的安全保护网正在收缩，企业也必须在走向未来的钢丝上时刻保持平衡，德鲁克先生也是在告诫我们，企业在冬天的作为仍然是要继续成长。

上述三个基本原理，是我阅读德鲁克先生管理系列著作的概要，也许是因为他的著作几乎涵盖了管理中的所有问题，涵盖了企业管理实践中的所有问题，我很难一一陈述，更因为德鲁克先生自己表达的方式非常亲近读者，所以我更建议大家直接去阅读他本人的著作，而不要受到我的影响。

德鲁克先生具有将复杂问题有效简化的天赋，吉姆·柯林斯在为《德鲁克先生日志》作序时曾经写道："德鲁克先生的才能中有一个最耀眼的亮点，那就是面对纷繁芜杂世界中的诸多现象，他能用极具穿透力的片言只语解释清楚，并且揭示出其中的真理。他就仿佛是一位禅宗诗人，能够用寥寥数语道破玄机。我们可以反复品味德鲁克先生的思想，每次都会有更深的理解。"也的确如此，这些看起来并不复杂的原理使人们的思想得到了巨大的解放，指导企业的实践更加有效，这也是简单原理本身的有效所在。

德鲁克先生的管理实践从顾客开始，并将营销列为企业的首要职能，他坦言，"一切从顾客的效用、想买的东西、现实需求以及心目中的价值出发，这就是营销的精髓所在。谁愿意把营销方法作为其战略基础，谁就有可能以最快的速度和最小的风险取得某一产业或某个市场的领先者地位"。哈佛大学教授西奥多·莱维特说，"彼得·德鲁克先生创造并推广了营销的概念"。纽约大学前营销学教授阿诺德·科尔宾认为，尽管从本质上讲德鲁克先生是管理学作家，但他对营销学的发展和理解所做的贡献比任何一位营销专业人士都要多。菲利普·科特勒更是表示，"彼得·德鲁克先生是管理学之父……当一些人称我为营销学之父时，我认为这是一种恭维。我告诉他们，如果我是营销学之父的话，那么彼得·德鲁克先生就是营销学鼻祖了"。

在德鲁克先生看来，其最重要的贡献之一就是创建了管理这门学科，1954年出版的《管理的实践》奠定了这门学科的基础。德鲁克先生曾说，"《管理的实践》上市后，人们就可能从这本书中学习如何管理。在这之前，似乎只有极少数天才懂得管理，其他人却复制不来。于是，我决定写一本有关这个领域的书,让它成为一门学问。如果你不了解某件事,就不可以复制它。那么,我们就不能说某件事已被发明了,而只能说大家一直在做这件事"。曾有一个代表性的书评,"那些认真研读过《管理的实践》的读者,无不欣然接受德鲁克先生宣扬的观念,就像是重新获得信仰一样……其他数以百计提出管理理念的作者,都应该感激德鲁克先生。他可以让这些人的论文相继失色……就这么一本书,他赋予这些作者朝同一方向全力以赴的意义,并促使他们对管理这个新领域,持续产生浓厚的兴趣"。真的应当感谢德鲁克先生,《管理的实践》为我们开辟出管理之路,而德鲁克先生更是用毕生的智慧来照亮我们前行,走好并让这条路变得更加宽广明亮,就是我们感恩的行动。

管理:使命、责任、实务(责任篇)(珍藏版)

出版时间:2009-09-01
出版社:机械工业出版社
ISBN:978-7-111-28068-2
定价:39.00 元

内容简介

《管理:使命、责任、实务(责任篇)(珍藏版)》围绕经营绩效、服务机构的绩效、卓有成效的工作和有所成就的员工、社会影响和社会责任、管理者的工作、管理技能与组织管理、高层管理者的任务与组织、战略与结构等,系统探讨和揭示了企业使命、企业责任、员工责任、员工资产、知识工作者、目标管理、管理分权、组织设计、规模、多国公司、成长和创新型组织等方面的问题。

对高层管理者的使命和任务做了宏观的思考和由外而内的洞察,并进行了系统归纳整理。

探讨高层管理的功能、结构与任务,以及高层管理真正应该做的工作。

组织规模的大小无所谓对错,只要规模适当。

多角化经营的四种工具和五项原则。

管理：使命、责任、实务（实务篇）（珍藏版）

出版时间：2009-09-01

出版社：机械工业出版社

ISBN：978-7-111-28067-5

定价：46.00元

内容简介

《管理：使命、责任、实务（实务篇）（珍藏版）》围绕经营绩效、服务机构的绩效、卓有成效的工作和有所成就的员工、社会影响和社会责任、管理者的工作、管理技能与组织管理、高层管理者的任务与组织、战略与结构等，系统探讨和揭示了企业使命、企业责任、员工责任、员工资产、知识工作者、目标管理、管理分权、组织设计、规模、多国公司、成长和创新型组织等方面的问题。中层经理人的行动和决策对企业的绩效和发展方向有直接而重要的影响。

经理人的工作必须包括设定目标、组织安排、激励与沟通、绩效评估、发展人才（包括自己）。

组织的目的是使一群平凡人做出不平凡的事业，所以组织必须着眼于人的长处。

要使知识工作和知识工作者的生产力与创新力得到提升，唯一的策略是结构变革。

管理：使命、责任、实务（使命篇）（珍藏版）

出版时间：2009-09-01

出版社：机械工业出版社

ISBN：978-7-111-28069-9

定价：46.00元

内容简介

《管理：使命、责任、实务（使命篇）（珍藏版）》围绕经营绩效、服务机构的绩效、卓有成效的工作和有所成就的员工、社会影响和社会责任、管理者的工作、管理技能与组织管理、高层管理者的任务与组织、战略与结构等，系统探讨和揭示了企业使命、企业责任、员工责任、员工资产、知识工作者、目标管理、管理分权、组织设计、规模、多国公司、成长和创新型组织等方面的问题。

20世纪管理最重要、独特的贡献就是将体力工作的生产力提高了50倍之多，21世纪管理所能做的贡献是提升知识工作和知识工作者的生产力。因此，管理是一项崇高的使命。

管理需要设立营销、创新、人力资源、资本资源、物质资源、生产力、社会责任及利润八个方面的目标。八个目标之间应该达到三种平衡。

管理重心是使工作有生产力，并使员工有成就感。

管理需要以社会影响和社会责任为支柱。

企业是什么
《管理的实践》

任何人和事,存在于这个世界上都有其存在的理由,学校对学生的关注正是学校存在的理由,它让学生拥有热情和责任,为社会培养出一个拥有知识而又承担责任的人,正是学校价值的展示。企业也是一样,企业之所以成为企业,一定是因为它有着自身的价值,对于企业的认识是决定企业能够存活在社会中的基本出发点。

虽然企业存在的历史已经有了很长一段时间,但是对企业是什么的思考到了德鲁克先生那里,才给出清晰明确的定义。德鲁克先生在《管理的实践》这本划时代的著作中,明确地指出:**"企业就是创造顾客,企业从功能上讲只有两个功能:营销和创新,企业也只能够具有这两个功能。"**

这就是企业真实的价值,如果我们离开了对企业这个定义的理解,企业就失去了存在的意义。最近10年,中国企业发展遇到了瓶颈,很多企业家以为是市场、竞争、技术以及资源变化带来的挑战,我同意这些要素都在改变,但是我们也发现,在同样的环境中仍然有企业做得非常好,归结它们成功的原因,正是这些企业对顾客价值的贡献。

人们一再关心如何跳出竞争的僵局，我也与杂志配合撰写文章，探讨离开竞争的方式和办法，但是深入研究的结果，发现离开竞争并不是关键，关键是我们根本就没有立足的着力点，所有的竞争仅仅是在最低层面上挣扎而已。为什么三星不需要与中国家电企业竞争而成为全球电子最强的企业？为什么苹果不需要与中国手机竞争而成为手机全球最强的企业？为什么华为不需要与世界通信生产厂家竞争而成为全球最强的企业？所有这些问题，难道仅仅是因为它们本身的强大？不是的，它们曾经是行业里最小的企业，它们曾经是处在竞争的格局中，但是它们快速的成长了，因为它们牢牢地把握自己的责任：关注顾客。

关注顾客并不是停留在认知顾客的层面上，德鲁克先生告诫我们，企业就是在两个功能上实现对顾客价值创造的。营销和创新对于很多企业来说并不陌生，甚至很多企业也把这两点作为自己的工作重点，问题的关键是营销和创新如何实现。以自己对德鲁克先生的理解，营销和创新应该基于对顾客的价值贡献，如果用更为直接的表述方式，那就是企业应该基于产品（服务）来为顾客创造价值。

迈克尔·波特曾经被问及：亚洲跨国企业和全球跨国企业的区别是什么？迈克尔·波特回答说：亚洲跨国企业关心钱从哪里来，到哪里去赚钱；全球跨国企业关心产品从哪里来，产品到哪里去。我总是不断传播这个观点，来提醒企业及其管理者。我们想成为全球领先的企业，不关注产品怎么可能呢？因为产品正是企业与顾客之间的约定，产品正是企业对顾客承诺的展示。

我总是想起一件事情，20世纪80年代初，日本经济学家小宫隆太郎来到中国考察后宣布一个令人吃惊的观点：中国没有企业。一开始我非常气愤，觉得怎么能够这样评价中国企业，但是经过20年的企业发展，我甚至开始怀疑他的观点可能是对的。一个没有基本责任的企业怎么能够称之为企业，一个连产品（服务）都不肯表达自己对顾客承诺的企业又怎能称之为企业？对于产品（服务）企业而言，产品（服务）既是企业进入市场的前提条件，又是企业存活于市场的根本原因。如果没有产品，企业就没有了与顾客交流的平台；没有产品，企业也就没有了在市场中存在的理由。我们回答企业能够生存的理由的时候，排在第一位的理由就是：企业能够提供产品（服务）。

在技术同质化的今天，产品本身需要更多地体现企业理念，也更需要产品具有企业领袖的价值取向。我一直很喜欢海底捞，因为这个产品有着企业领导者对所有人负责的价值观；我也很喜欢香港的星光集团，这个印刷企业的领导者坚持"八不印"，看星光的产品你一定可以感受到企业领导人的社会责任感。因为企业的顾客理念在产品上的体现，你可以区分不同的产品，同样是产品，人们会接受一些品牌而放弃另外一些品牌，原因是选择的品牌代表着顾客价值。

2013年世界500强再一次公布，沃尔玛排在第二位，销售额超过4000亿美元。我一直惊讶：一个零售百货企业在技术和知识为特征的时代，为什么能够保持强劲的竞争地位？但是如果分享沃尔玛的服务理念，就会知道根本的原因是什么。沃尔玛的服务理念如下。第一条：顾客永远是对的；第二条，当顾客不对的时候，请回到第一条。围绕着顾客第一的这个理念，沃尔玛在百货业展开了一系列的营销创新：全球卫星定位采购系统的创新，开架销售的方式、连锁经营的方式、会员销售方式、24小时营业的方式、"前店后厂"的供应商模式等，这一系列的创新，就是要实现沃尔玛承诺的"总是用最低的价格销售"折扣店的经营模式的创新。所以沃尔玛成为全球最具竞争力的企业之一，正是沃尔玛有着对顾客根本责任在支撑。到了互联网时代，沃尔玛再次为顾客做出调整，全面投入"1号店"的建设。没有这样的责任承担的勇气和努力，没有这样对顾客的体认，没有这样对自己产品的维护，就不可能成就企业。如果从这个角度看我们的企业，能够称之为企业的到底有多少呢？

我在很多场合都提及，我所喜欢的一部电视剧《大长今》，我感慨于主人公毫不气馁的毅力的同时，却被其中一个环节深深感动。当大长今考医女的时候，老师没有给她及格，原因是她太过自信，敢于为任何人做疾病诊治。当时，大长今觉得委屈，我也觉得不可思议，但是当老师把真实原因告诉大长今的时候，我也被震惊了，老师说："一个医生必须要怀有恐惧之心，要对生命具有恐惧感，这样他才不会被自己的医术蒙蔽。而长今你太自信，没有恐惧之心，所以你不具备做医生的资格。"医生为病人诊治不是基于医术，而是基于对生命的恐惧，那么管理者做经营也应该是这样的道理，我们不是基于管理知识和管理经验，而是基于对变化和生命的恐惧，才具备做管理者的资格。如果丧失了对产品的专注，丧失了对顾客的敬畏，企业真的会失去存活的依据。

企业真实存活的理由就是创造顾客，请我们铭记德鲁克先生给我们的指引。

管理的实践

出版时间：2009-09-01
出版社：机械工业出版社
ISBN：978-7-111-28074-3
定价：39.00 元

内容简介

《管理的实践（珍藏版）》是第一部从实际执行层面立论的管理学书籍。第一部兼顾管理现有企业和创新未来企业的著作。最棒的一本讲述"管理如何能够复制"的著作。该书的根本目的在于通过对管理原则、责任和实践的研究，探索如何建立有效的管理机制和制度，而衡量一种管理制度是否有效的标准就在于该制度能否将管理者个人特征的影响降到最低。贯穿全书有三条主线：管理企业，管理管理者，管理员工和工作；德鲁克有三个经典提问：我们的事业是什么？我们的事业将是什么？我们的事业究竟应该是什么？管理必须同时考虑三个方面的问题：成果和绩效，这是企业存在的目的；在企业内部共同工作的人所形成的组织，外在社会，也就是企业的社会责任。

创新需转化为行动及结果
《创新与企业家精神》

2002年,英国《经济学人》曾宣告"偶像的黄昏"来了,它是对的,从此许多人也认为我们不再需要偶像。但是,到了2014年,人们强烈地发现还是需要偶像,无论是《中国好声音》还是《爸爸去哪儿了》的热播,都表明人们需要偶像也需要创造偶像。今天的时代,还是需要具有超凡能力的新商业领袖,苹果与阿里巴巴两家公司创造的市值,足以说明问题。在人们一片欢呼和关注之后,我在想,如何去界定新的商业领袖特质呢?下一个苹果或者阿里巴巴会是谁呢?正当我无法界定新商业领袖具有什么样特质的时候,德鲁克先生在1985年写就的《创新与企业家精神》给了我一个很好的视角,让我能够寻求具有真正意义上的新商业领袖。

在商业史上,拥有远见的企业家早已提出过零星的创新性思维。甚至我们可以这样认为,经济繁荣与社会发展正是企业家创新性思维转化为行动的结果,正如德鲁克先生在书中所言:本书认为在过去的10~15年间,在美国出现的真正的企业家经济是现代经济和社会史上最具深远意义与最鼓舞人心的事件。这种现象本身引发了德鲁克先生的思考：什么是创新与企业家精神？何时以及为什么进行创新与企业家精神的实践？

事实上，商业本身已经进入了一个自我探索、理论和实践结合的领域，德鲁克先生提出创新和企业家精神是为了探讨他们的行动和行为。在过去的几十年中，复杂的理论、严谨的分析，不断地启发人们对这个问题的辩论和研究。在与人们一样坚信创新与企业家精神的重要性的前提下，德鲁克先生更注重于创新和企业家精神的实践。"事实上，他将创新和企业家精神视为企业高层管理者的工作的一部分"，这是德鲁克先生的着眼点。

创新是实践的创新。德鲁克先生在《创新与企业家精神》一书中告诉人们："创新是有目的性的，是一门学科。"所以德鲁克先生首先向读者展示了企业家应该在哪里以及如何寻找创新机遇。随后，又探讨了将创意发展成可行的事业或服务所须注意的原则和禁忌。在做这部分分析的时候，德鲁克先生认为：创新是企业家特有的工具。他们凭借创新，将变化看作开创另一家企业或服务的机遇。创新可以成为一门学科，供人学习和实践。企业家必须有目的地寻找创新的来源，寻找预示成功创新机会的变化和征兆。他们还应该了解成功创新的原理，并加以应用。

我会想到一个例子，孟加拉经济学家尤努斯，他创造性地缔造的"微贷"事业正在以成功的商业运作在全世界范围内消灭贫困。尤努斯的项目已经遍及100个国家，累计为400万穷人放贷53亿美元。2004年，尤努斯甚至向26 000位乞丐放贷，每人9美元，这些钱可以让一个乞丐开始贩卖糖果等小生意，而不是沿街乞讨。2005年，尤努斯被评为1979年以来全球最具影响力的25位经济领袖之一。尤努斯的创新实践正是德鲁克先生理论的一个全新例证。

企业家精神是创新实践的精神。如何成功地培育出企业家精神，是德鲁克先生重点讨论的第二个问题。德鲁克先生从现存企业、公共服务机构以及新企业三个方面来讨论企业家管理。这三类企业也正好涵盖了目前我们能够理解的所有组织机构的特性，现存企业会更多地从商业的角度出发，注重那些与企业息息相关的社会问题，对社会问题的长期关注，可能会从根本上重新定义"公司"的根本目的。公共服务机构，更多的是从社会问题本身出发，将企业的管理技能运用在社会目标的实现上，它们通常具有更强大的道德力量。最后是新企业，一如其在所有主要的企业家时期所表现的一样，新企业将继续成为创新的主要载体。托马斯·爱迪生说过："如果所有人都能真正做到力所能及的事情，结果会使我们自己震惊。"

企业家战略是创新市场的战略。如何成功地将一项创新引入市场是企业家战略的核心。德鲁克先生告诫我们：创新是否成功不在于它是否新颖、巧妙或具有科学内涵，而在于它是否能赢得市场。不具有创新市场的能力就会被远远地抛落在后面，这是人们的共识。但是问题的关键不在于是否理解，而是在于别人已经开始全新商业理念的运用时，我们却处于被动的状态。因此在判断是否具有创新能力的时候，我们需要看到的是以什么样的方式进入市场。

《创新与企业家精神》是一本基于创新但又强调行动的书，我也坚持这一点正是本书最为精华的地方，如果创新停留在观念、思想和制度上，创新没有转化为行动和结果，创新就没有任何价值和意义。而企业家的本质就是实践，所以，我们需要安静下来，评判一下我们与德鲁克先生所倡导的有多大的差距，或者我们可以对照德鲁克先生的观点想一想：我们是否让创新转化为行动及结果。如果好好地深读这本书，我们一定能够做到这一点，进而成为真正意义上的商业领袖。

创新与企业家精神（珍藏版）

出版时间：2009-09-01
出版社：机械工业出版社
ISBN：978-7-111-28065-1
定价：46.00 元

内容简介

　　创新是企业家的标志，这是德鲁克先生留给人类社会的一剂良药。激烈竞争、瞬息万变的市场和技术让人们深信不疑创新的重要性，但关键问题是，该如何进行创新。如果你懂得在哪里以及如何寻找创新机遇，你就能系统化地管理创新；如果你懂得运用创新的原则，你就能使创新发展为可行的事业。这就是德鲁克先生在《创新与企业家精神》中为我们揭示的重点。如何寻找创新机遇？将创意发展为可行的事业有何原则和禁忌？什么样的政策和措施才能使机构成功地孕育出企业家精神？具有企业家精神的机构如何组织和配备人员？如何成功地将一项创新引入市场、赢得市场？德鲁克先生在经典之作《创新与企业家精神》中，首次将实践创新与企业家精神视为所有企业和机构有组织、有目的、系统化的工作，并与我们共同探讨这些问题的答案。

05
第 5 章

企业管理的领域

在合适的时间做合适的事情
《营销原理》

营销及营销管理一直对企业的经营产生着决定性的影响,我和很多企业管理者和学者一样,是在菲利普·科特勒的《营销原理》中得到这个领域的知识和启蒙。随着自己企业实践的加深,以及对市场变化感知的加大,越发觉得需要对营销有更为准确和深入的理解,需要真正理解科特勒所阐述的营销原理的核心理念,需要把对营销的理解真正运用到对市场变化的把握上。

最近 10 年对于我们来讲意味深长,所有中国企业的生存坐标开始发生根本的变化,世贸标准、国际成本、全球化市场、能源约束、环境保护、互联网技术等成为企业生存的环境。更需要清楚的是,不仅仅是宏观环境发生了根本的改变,从企业自身来讲市场环境所带来的挑战,也发生了根本的改变,我归纳为以下六点。

第一,经营重点从公司转向了价值链与价值网络。以往的经营单位人们都会放在公司内部,所有的选择和发展都是围绕着公司本身来展开,包括战略的选择、资源的运用、技术和品质的标准、业务流程的设计、人力资源开发以及企业文化的建设等。这些努力带来的最为直接的效果是，公司拥有了成本、效率和运营的能力。随着市场环境的改变，我们发现公司拥有的所有这些能力仅仅是一个部分，我们还要理解和确定公司所在的价值链是否能够在市场中创造价值，确定公司是存在于一个价值网络之中而非独立的个体。因此新的环境要求公司经营的重心从公司内部转向公司外部，需要在价值链和价值网络的概念下展开公司的所有活动，同样包括战略要基于价值链与价值网络的出发点，资源运用的价值分享，技术和品质的标准要成为价值链和价值网络的标准，业务流程设计要以供应链为基础，人力资源开发是源于系统思想，企业文化必须能够企业内外部共同分享。这其中的最大改变是：以公司自身为经营重心时，追求的是成本、品质和规模；而以价值链和价值网络为经营重心时，追求的是品质、响应速度和顾客价值。

第二，通过降低成本和创新增长来创造利润。如果按照过去的标准，获取利润最简单的逻辑，会是通过降低成本获得的。但是这里面有一个根本问题需要大家理解，那就是企业的成本不可能也不能够追求最低，因为只能追求合理成本。尤其在今天的竞争环境下，对一家企业的衡量标准有了更全面的要求，企业的社会责任、社会资源的运用、企业的公民责任、员工的成长与学习、技术以及环境的成本都是企业必须支付的。在这种情况下，单纯通过降低成本创造利润已是非常困难的事情。所以我坚持选择另外一个方向，就是通过创新增长来创造利润。强调创新增长，是基于两个理由：一是目前的市场是一个技术创新驱动的市场，无论是区域市场还是全球市场；二是中国很多行业集中度非常低，有足够的空间给企业成长。如果可以一方面降低成本，使自己的成本合理并具有竞争力；另一方面又能够获得创新增长，让市场成长和规模带来成本与资源的有效性，这样就会获得你所要的利润空间。

第三，以能力为本。多年来我们向西方学习，同时看到日本、美国、欧洲成功的企业案例，把"以人为本"的管理理念引入中国的企业管理中，从理论的意义上这是非常正确的。但是有一点可能大家忽略了，就是"以人为本"理念的本质含义是什么，其实很多企业并没有搞清楚。"以人为本"事实上是有三层含义：一是企业以领导者为根本，需要找到一个好的领导者；二是领导者以员工为根本，领导者需要一切以员工为出发点；三是员工以顾客为根本，员工需要在任何时候、任何情况下都以顾客需求为出发点。但在现实的管理中，是反过来的，员工以领导者为根本，领导者以顾客为根本，所以"以人为本"这个理念在很大程度上成了企业内部管理的一个口号，反而影响了企业的发展。因此我认为强调"以能力为本"应该更适合中国企业的管理，这样可以让人不要混淆。我最近重新去阅读德鲁克先生"知识员工"的定义，如果我们所拥有的成员是职业化的、知识化的，"以人为本"的概念能够重新采用，因为这样的人，能够了解到工作的出发点是什么，能够理解并践行他自己的责任，人本的概念在内部管理中会得到实现。

第四，变化、变化，再多些的变化。我把变化用递进的表述方式，是想提醒大家只有变化才是唯一不变的真理，企业需要透过变化寻求出路，这些变化需要平衡以下几个方面：外部环境的不确定性成为企业面临的一种常态，内部的动态平衡是组织管理基本内容，人员的退出机制的设计成为人力资源的核心内容，创新导向是企业文化建设的基础，超越自己成为永恒的话题。这几个方面的平衡需要企业及其管理者自身做出改变，否则平衡不可能实现。观察很多企业，它们对环境不确定性并未做好准备，依然希望能够借助于经验来判断顾客的需求，依然固守自己的核心竞争力。看到诺基亚走到被并购的地步，除了觉得可惜之外，知道根本原因就是它太相信自己的核心优势，不愿意做出调整，结果被变化的市场淘汰。

第五，技术。技术的作用在接下来的竞争中会成为主导性的要素，包括新产品、新的替代材料、新市场、新的商业模式、新的企业组合等。同时因为技术已经成为生活方式，成为商业方式，成为管理的基本工具，这就意味着没有技术作为基础，你会被淘汰出局。我对技术的理解也许还处在非常粗浅的位置，但是仅仅是这样，我也很清楚，技术具有战略性作用、前瞻性作用以及决定性作用。拥有技术思维和专业主义精神本身，会让企业能够真正融入今天的市场环境中。也许从未像今天这样，技术所具有的驱动力量如此强大。阿里巴巴在2014年9月的一天，成为全球最大市值的公司，华为在2013年成为全球最大的通信公司，这两家公司取得的成就令世界瞩目，很多人都会认为这是财富的神话，但是我更愿意界定为创造的神话，是与时代共舞的神话，是真正能够驾驭技术、引领行业的神话。

第六，吸引、留住和衡量有能力的优秀人才。如果你要在行业里居于领先的地位，你不要关心市场份额，而要关心在这个行业里，顶级的人才你拥有多少，也就是人力份额。就如我们认为剑桥、哈佛这些著名的大学是顶级的学府，其中的理由之一就是它们拥有多少学术大师、诺贝尔奖获得者，所以吸引、留住和衡量有能力的优秀人才是目前的关键之一。但这不是一件容易的事情，我总是在很多场合给大家介绍华为这家公司，是因为在对人的理解上、对人性的理解上，特别是对知识员工的理解上，华为找到了一种可行的制度安排，一种有效的运行和激励机制。华为有15万人，其中8万人是股东，7万人是技术人员，15万人中又有4万多人是外籍员工，这样构成的15万人，可以用"奋斗者"的角色自居，可以创造一个又一个业界奇迹，其中最核心的部分，就是整个组织实现了"价值创造、价值评价、价值分配"的组织管理核心命题，也就是吸引、留住和衡量有能力的优秀人才的管理方法奏效。

市场带来的环境改变是近10年来中国企业必须理解和有所准备的，因此我用营销战略的理念方式来表达自己对新机遇的观点，即在变化中做有效的选择，是在合适的时间做合适的事情。

也许这是一种太简单的说法，但是我坚持是因为营销本来就应该简单，我看到好的企业都是运用最简单的思想，乔布斯的"极其简约"的理念，杜邦公司的"宫廷的女仆也能像女王一样生活"，雀巢咖啡的"味道好极了"，沃尔玛的"总是用最低价格销售"，阿里巴巴"让天下没有难做的生意"。这些应该能够说明我的观点，我相信你会同意我的观点，不过你可能会问，对于营销战略来说，什么时候才是合适的时间？什么事情是合适的事情？我尝试用坐标的方式来阐述我的观点。

营销战略应该以什么作为时间坐标

营销的理解应该是，在合适的时间、合适的地点做合适的事情。所以我们选择营销战略的时候，不能只是评估这个战略的基本因素，还应该考虑它的时间坐标。但是营销战略的时间坐标并不是以时间为单位的，而是以市场关键要素为单位的，比如中国家电行业市场的例子：1985～1989年，价格是市场的关键要素，这期间长虹、康佳做得很好；1989～1992年，质量是市场的关键要素，海尔、新飞、容声做得很好；1992～1996年，服务是市场的关键要素，海尔、TCL做得很好；1996～2000年，速度是市场的关键要素，海尔、美的、TCL做得很好；2005～2010年，国际化、全球化是市场的关键要素，表现好的是海尔、TCL、美的；2010～2015年，价值链与价值网络是市场的关键要素，表现好的是格力、美的、TCL。

你的营销就应该是与这个时间段相匹配，我们看到海尔、TCL、美的、格力等在相应的时间做了相应的事情，所以一直处在领先地位，长虹的被动就是一直停留在价格这个时间段，结果就是这样。在家电行业发展的例子中，我想说明的是**营销战略的时间坐标只能是以市场关键要素的持续时间为基准**，当市场关键要素的持续时间改变，新的市场关键要素产生，便是一个自然时间单位的结束与开始，因此我们需要分析的是在任何一个自然时间段内，市场的关键要素是什么，而不是我们自己擅长做什么。我们不能以自己的发展时间作为参考坐标，只能以市场关键要素作为参照标准，只有这样做的企业才是在时间坐标上选好了位置。

在营销战略的时间坐标上我们通常出现的误区是这样一些情况。

第一，过度关注竞争对手，忽略市场变化，常常把竞争对手的变化误解为市场的变化。中国本土的零售企业，看到跨国零售商抓紧抢占中国市场，不断圈地的时候，误以为做零售终端就是圈地和扩大市场区域，但是在中国零售市场的今天，零售业的市场关键要素不是圈地和市场区域，而是对消费者的理解和单店的盈利能力，所以当我们看到沃尔玛快速扩张的时候，一定要知道扩张不是关键要素，单店运营能力和理解消费者才是沃尔玛的选择基础。看到中国本土零售商希望通过"跑马圈地"来占据有利地位，真的担心规模快速扩张和经营能力严重缺乏的矛盾会打垮中国本土零售企业。2013年开始，沃尔玛把中国21个采购办公室合并为一个，全力投入资源做"1号店"，这个转变为沃尔玛继续保持全球第一奠定了坚实的基础。

第二，简单理解市场，忽略了市场内在变化，常常把营销创新误解为市场的变化。看看中国的汽车行业，在短短不到3年的时间里，汽车业的营销创新不断涌现，如会展营销和事件营销在汽车业的运用，时尚营销、文化营销、概念营销等，但到了今天汽车生产商也发现，原来行之有效的市场策略正在失效——价格战不灵了，新车型玩不转了，广告更难起作用了，营销创新也不能带动疲软的汽车市场。汽车行业在今天的中国市场上，其关键要素不是营销创新，而是目标顾客的解决方案，所以能够满足目标顾客的解决方案的汽车产品仍然能占据市场并脱离价格战的怪圈，做得好的奥迪、丰田正是如此。

营销战略应该以什么作为空间坐标

与上一个问题一样，如果营销是在合适的时间、合适的地点做合适的事情，那么我们就需要回答什么是营销战略的空间坐标这个问题。**营销战略的空间坐标不是以市场所处的空间为坐标的，而是以对实现顾客价值的定位为坐标的，也就是在实现顾客价值的哪一点上你能够有所作为，那么这一点就是你的空间坐标**。比如，IBM 的"服务转型"，1996 年，郭士纳就非常清楚地定义了 IBM 的电子商务：使企业能够通过信息系统增加企业整体的运营竞争力，而不是单个员工的工作效率！从这样一个概念出发，郭士纳带领 IBM 开始了著名的"服务转型"。郭士纳以他做服务和消费品的经验，给 IBM 指出了一个新的逻辑：技术与功能都不等于客户价值，创造价值的关键点在于提供解决方案，在于客户如何用这种设备去创造出商业价值，而不完全在于技术本身。这一主张是划时代的，因为这等于指出了微软、英特尔这批公司的"要穴"，微软和英特尔等高科技公司为客户提供的是工具效率，而 IBM 提供的是提升客户价值的解决方案！结果是在 2001 年，IBM 的服务收入就达到 349 亿美元，占总收入的 42%，首次超过硬件成为 IBM 的第一收入来源。IBM 在为顾客提供解决方案这一点上最能提升顾客价值，因此解决方案就成了 IBM 的营销战略的空间坐标，以此 IBM 也获得了市场空间。

营销战略在空间坐标上的误区会表现在以下几个方面。

第一，不断追求产品的变化，误以为这是实现顾客价值的方法。20 世纪最伟大的产品是什么？英国一家机构的结论是抽水马桶。美国《财富》评选 20 世纪最杰出的产品是曲别针（1900 年）、安全剃须刀（1903 年）、拉锁（1913 年）、胸罩（1914 年）、创可贴（1921 年）、月经棉条（1931 年）、袖珍简装书（1935 年）、无带平跟鞋（1936 年）、家用胶布（1942 年）、插拼玩具（1958 年）、滑板（50 年代）、尼龙搭扣（维可牢，1954 年）、尿不湿（1961年）、粘贴式便条（1981年）。这些产品与苹果麦丁托什计算机、国际互联网、英特尔微处理器、施乐复印机和传真机、飞利浦和索尼激光唱盘、波音707飞机等并列齐名，看到这些产品我相信你会同意这样一个观点，产品变化并不是实现顾客价值的方法，一个产品当它能够体现顾客价值的时候，它本身就决定了它的存在，如果我们不断地追求产品的变化，而忽略产品对顾客价值的单纯功能，结果一定导致产品偏离顾客价值这条轨迹，真正有生命力的产品是那些简单而便捷地满足顾客需求的产品。

第二，过度关注促销、广告、服务，误以为这些都是顾客需要的东西。实现顾客价值的关键是确定什么才是顾客价值。从我们引入菲利普·科特勒的4P理论开始，在中国市场上，人们开始打价格战、服务战、促销战、广告战，但是对于消费者而言，这些手段带来的直接与间接的影响是什么，我相信大家没有认真分析。从表象上看，加大广告宣传，带来了销售额的增长，提升了顾客满意度。打折是消费者喜欢的，促销就一定会有效果，这些都是真的，你可以实实在在地看到，但是没有人愿意真正分析这些结果最后能获得一个关键的东西：顾客忠诚度，我相信这些方式与顾客忠诚度没有一个正相关的联系，因此也就看到我们在营销市场上的混战和无奈。顾客要的还是产品本身，我们要永远记住这一点。

什么才是营销战略所选择的合适的事情

与上面两个问题一样，如果营销是在合适的时间、合适的地点做合适的事情，那么我们最后需要回到什么才是营销战略所选择的合适的事情这个问题上。**营销战略所选择的合适的事情就是能够反映市场关键要素的时间坐标和能够实现顾客价值的空间坐标的结合点。**

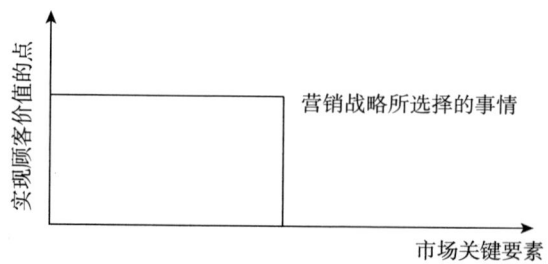

以日本本田摩托在美国市场的营销战略为例。据有关资料显示，20世纪五六十年代的美国，是哈利·戴维森的美国，这个只生产重型摩托车的品牌几乎就是摩托车的代名词，其市场份额曾一度高达70%。我们可以想见，本田摩托要想在美国闯出一片天地的难度。经过前期的试探之后，本田认为哈利·戴维森在重型摩托车上太强了，以至于消费者根本就不会接受哈利·戴维森生产轻型摩托车的事实。于是本田用一款完全没有竞争对手、价格仅为美国大多数摩托1/5的小型轻便摩托车打入了美国市场，而这款摩托在当时的哈利·戴维森看来不过是工艺精致的"玩具"。就这样，为消费者提供截然不同的选择的本田，通过一系列有效的营销措施，市场占有率从0骤升到80%，从而成为美国摩托车市场的新王者。我们回到上面的方法上来分析，本田进入美国的时候，摩托车市场的关键要素是给消费者提供不同的选择，而从顾客价值实现上来说，本田能够创造价格仅为美国大多数摩托1/5的小型轻便摩托车，因此本田营销战略的时间坐标是不同的选择，而空间坐标是小型轻便便宜的摩托车，符合两者的结合点就是本田摩托车在美国市场的定位。再如联想通过渠道增值提升竞争力，美的通过整合全球微波炉产业链获得创新优势等。

成功的案例，我们选择两个大家最熟悉的产品来总结我对科特勒观点的理解，营销就是在合适的时间、合适的地点做合适的事情。

1. 麦当劳的儿童娱乐

麦当劳在全世界增长最快的消费群体是儿童。对儿童而言，吃什么样的汉堡其实并不重要，价格也不那么重要，关键是要"吃得开心""好玩"。于是，麦当劳推陈出新速度最快的是不断变化的儿童套餐玩具。对于"七个小矮人"这样的成套玩具，有些儿童生怕凑不齐，无形中增加了消费频率。麦当劳还不断推出新光碟，让儿童吃汉堡时看得更开心。每到节假日，麦当劳总不忘推出逗乐儿童的游戏。在麦当劳看来，新的食品品种并不是它所在市场的关键要素，它所在市场的关键要素是给儿童快乐和新奇，它所做的空间坐标是儿童价值，所以它必须不断地推出把孩子们逗乐的娱乐项目。

2. 可口可乐的"新瓶装旧酒"

让我们再看一看经典的可口可乐。尽管可口可乐在不同国家的配方稍有差异，包装也不尽相同，但配方一旦定型，不会轻易改变。可是我们却从来没有厌倦可口可乐的感觉。可口可乐是用来解渴的吗？当然是，但却不完全是。可口可乐公司没有把解渴作为饮料市场的关键要素，可口可乐公司赋予可乐清新、愉悦的感觉，这就是可口可乐公司对这个产品市场关键要素的认识。这种感觉一方面来自可口可乐中溶解的二氧化碳，另一方面来自它不断更新的包装。可口可乐里溶解的二氧化碳浓度之高，让你在喝可乐时总要打几个饱嗝，这种感觉确实很棒。而在空间坐标中，可口可乐公司认为实现顾客价值的地方恰恰是包装的更新，并恰当地把握了消费者喜新厌旧周期，总是在消费者还没有厌倦时及时更新包装。最近可口可乐根据互联网时代个性化与互动化特征，适时推出完全个性化设计的包装，又给人一次惊喜，而这种"新瓶装旧酒"的创新游戏，却是可口可乐公司常胜的法宝。

科特勒先生说："优秀的公司满足需求，而伟大的企业却创造市场。"这句话深深地影响我，如果我们可以真正与顾客站在一起，真正理解顾客价值所在，我相信这是科特勒先生所要的"营销原理"。

营销管理（第14版）

出版时间：2012-08-01

出版社：格致出版社

ISBN：978-7-543-22101-7

定价：85.00元

内容简介

一个学科的确立总伴随着伟大思想者和他极负盛名的著作出现，如同亚当·斯密的《国富论》之于经济学，彼得·德鲁克先生的《管理：使命、责任、实务》之于管理学。对于营销学来说，菲利普·科特勒的《营销管理》便是无可争议的学科奠基著作。在科特勒众多的著作中，这本《营销管理》无疑是凝聚了其最多心血，也是最为全球学界和业界所接受和赞扬的经典教材，被誉为"营销圣经"。虽然科特勒在世界各地跟众多的学者都合作推出过不同地区版本的《营销管理》，但最能体现科特勒思想精髓的只能是你手里这本原汁原味的《营销管理》。

20多年前，当格致出版社第一次把《营销管理》（第5版）引进中国的时候，彼时它还只是一本鲜有人问津的小众图书。在20年的传承中，随着营销理论、方法和工具的迅速发展，我们也与时俱进不断地引进最新版的《营销管理》，每一版都会吸引更多更新的读者加入科特勒的"营销思想俱乐部"。在第13版问世以后，包括美国次贷危机、欧洲债务危机的相继爆发，以及社交媒体的迅速兴起在内的一系列因素重塑了今日的商业环境，我们也如期推出最新的《营销管理》（第14版），将"营销之父"对上述趋势的思考引入中国，以飨读者。

作者简介

菲利普·科特勒，世界范围内市场营销领域的权威之一，是美国西北大学凯洛格管理学院国际市场营销学教授（强生"讲座教授"）。他在芝加哥大学获经济学硕士学位，在麻省理工学院获经济学博士学位。同时，他还在哈佛大学做过数学方面的博士后，在芝加哥大学做过行为科学方面的博士后。

科特勒博士合作出版了许多成功的著作，如《市场营销原理》和《市场营销：导论》。他所编著的《非营利组织的战略营销》（现在是第7版）已成为该领域最畅销的书籍。科特勒博士的其他论著还包括《营销模式》《新型竞争》《专业服务营销管理》《教育机构的战略营销》《保健组织营销管理》《营销整合》《高视野》《社会营销》《营销渠道》《国家营销》《旅游与酒店营销》《票房营销》或《表演艺术营销》《博物馆战略与营销》《营销新论》《科特勒论营销》《水平营销：十大营销失误》和《公司社会责任》。

竞争力与组织管理的关系
《Z 理论》

在 20 世纪 90 年代初看到威廉·大内的《Z 理论》，当时这本书是我理解企业文化的经典著作，后来看到机械工业出版社重新出版的《Z 理论》，又一次仔细研读，这一次决定试着从作者的角度来理解这本书。也许是角度不同，也许是自己对企业组织理解的程度不同，这一次更深地了解到"Z 理论"虽然是企业文化的一个重要成果，但是更重要的是回答**企业组织管理与企业竞争力之间的制约关系**。今天，特别是中国企业开始遭遇经营条件改变、竞争加剧和复杂情势的时候，企业如何获取竞争力，成为企业经营者必须要解决的问题。在这样一个经营条件彻底改变的情景下来看这本书，我找到学习和借鉴新视角，发现这一点让我很开心。

20 世纪 80 年代初，日本经济持续多年的高速增长引起了全世界的瞩目，而支撑经济增长的关键是企业竞争力。因此，在日本经济高速增长时期，日本企业的国际竞争力迅速提高，日本企业大量进入美国市场，抢走了美国企业在本土的市场份额。为了迎接日本企业的挑战，美国企业界开始研究日本企业的管理方式。日裔美国管理学家威廉·大内从 1973 年开始专门研究日本企业管理，经过调查比较日美两国管理的经验，在其1981年出版的《Z理论》一书中提出了"Z理论"。

"Z理论"认为，一切企业的成功都离不开信任、微妙性与密切的关系，因此主张以坦白、开放、沟通作为基本原则来实行"民主管理"。大内把由领导者个人决策、员工处于被动服从地位的企业称为A型组织，他认为当时研究的大部分美国机构都是A型组织。A型组织的特点为：（1）短期雇用；（2）迅速的评价和升级，即绩效考核期短，员工得到回报快；（3）专业化的经历道路，造成员工过分局限于自己的专业，对整家企业了解很少；（4）明确的控制；（5）个人决策过程不利于诱发员工的聪明才智和创造精神；（6）个人负责，任何事情都有明确的负责人；（7）局部关系。

相反，大内认为日本企业具有不同的特点：（1）实行长期或终身雇用制度，使员工与企业同甘共苦；（2）对员工实行长期考核和逐步提升制度；（3）非专业化的经历道路，培养适合各种工作环境的多专多能人才；（4）管理过程既要运用统计报表、数字信息等清晰鲜明的控制手段，又注重对人的经验和潜能进行细致而积极的启发诱导；（5）采取集体研究的决策过程；（6）对一件工作集体负责；（7）人们树立牢固的整体观念，员工之间平等相待，每个人对事务均可做出判断，并能独立工作，以自我指挥代替等级指挥。他把这种组织称为J型组织。

大内关于两种组织及其核心特征的分析，非常有意思，这可以让我们很容易理解美国企业组织和日本企业组织的不同。但是，继续阅读和深入理解下去会发现，真正的核心不在于这两种企业组织形态的区别，而是什么样的组织管理更有利于企业竞争力的获得。正如书中所言，"美国企业在未来10年面临的关键性问题不是技术或投资，也不是规章制度或者通货膨胀，关键性问题是我们如何对一个事实做出反应，即日本人知道如何比我们管理得更好"。所以大内提出"Z理论"，即解决如何管理人，使他们更有效地在一起工作的这一核心内容。

"Z理论"的第一个原则是信任。生产力和信任是紧密相关的，信任导致公平进而提升效率。"Z理论"的第二个原则是微妙性。微妙性解决人际关系的复杂性和人性的复杂性，以解决制度层面无法解决的问题。"Z理论"的第三个原则是密切的关系。没有关爱、支持和不轻易动摇的无私精神，人们也不可能有美好的生活，而这些都来源于密切的社会关系。正是这三个原则：信任、微妙性和密切的关系，让组织成员能够更有效的协作，最终提升了生产力。这三个原则正是需要向日本企业学习的组织管理方式。

大内在研究中主要从七个维度对美日管理进行比较和剖析：（1）雇用制度；（2）决策制度；（3）责任制；（4）控制机制；（5）考评与提升制度；（6）员工职业发展；（7）对员工的关怀。这里我们可以看到，大内已经不是在分析日本企业或者美国企业，而是探讨组织管理的基本核心，这七个维度的比较分析，使得大内提出以下独到的观点：（1）终身雇用制。长期雇用员工，即使经营不佳，一般也不解雇工人，要采取别种方法渡过难关，对员工的职业保证会使人更加积极地关心企业利益。（2）缓慢的评价和晋升。对员工要经过较长时间的考验再做全面评价。（3）分散与集中决策。企业的重大决策，要先由生产或销售第一线的员工提出建议，经过中层管理人员把各种意见集中调整、统一后上报，最后再由上一级领导经过调查研究后做出比较正确的决策；执行决策时要分工负责。（4）含蓄的控制，但检测手段明确正规。基层管理者一方面要敏感地抓住问题实质，就地解决，另一方面要在上报情况前，协同有关部门共同制订出解决问题方案。（5）协调管理者与员工的关系。全面关心员工生活，把对生产任务和工作设计的要求同员工劳动生活质量结合起来，让员工在工作中得到满足，心情舒畅。（6）让员工得到多方面的锻炼。不把员工局限在狭窄的范围内，既注意培养员工的专业知识能力，又注意使员工获得多方面的工作经验，对生产技术和社会活动能力都要进行长期全面的考查。

这七个维度可以帮助我们很好地理解组织管理，如果我们需要审视自己的组织管理，可以对照一下，在雇用、决策、控制、评价、员工发展等方面做得如何呢？常常有企业家问我，什么是组织管理？这本书应该给出一个相对完整的答案，组织管理应该由这七个维度构成，也需要管理者能够在这七个维度中做出努力。

在这本书里，大内不仅指出了 A 型和 J 型组织的各种特点，而且分析了美国和日本各自不同的文化传统，以致其典型组织分别为 A 型和 J 型。这个观点，让人们理解到日本的管理经验不能简单地照搬到美国去。为此，他提出了"Z 型组织"的观念，认为 Z 型组织符合美国文化，又可以学习日本管理方式的长处，比如"在 Z 型公司里，决策可能是集体做出来的，但是最终要由一个人对这个决定负责"。而这与典型的日本公司（即 J 型组织）的做法是不同的，"在日本没有一个单独的个人对某种特殊事情担负责任，而是一组雇员对任务负有共同责任"。他认为"与市场和官僚机构相比，Z 型组织与氏族更为相似"，并详细剖析了 Z 型组织的特点。

考虑到由 A 型组织到 Z 型组织转化的困难，大内给出了明确的 13 个步骤，认为这个变革过程一般应如此进行：

1. 参与变革的人员学习和领会 Z 理论原理，挖掘每个人正直的品质，发挥每个人良好的作用；

2. 分析企业原有的管理指导思想和经营方针，关注企业宗旨；

3. 企业的领导者和各级管理人员共同研讨制定新的管理战略，明确大家所期望的管理宗旨；

4. 通过创立高效合作、协调的组织结构和激励措施来贯彻宗旨；

5. 培养管理人员掌握弹性的人际关系技巧；

6. 检查每个人对将要执行的 Z 型管理思想是否完全理解；

7. 把工会包含在计划之内，取得工会的参与和支持；

8. 确立稳定的雇用制度；

9. 制定一种合理的长期考核和提升的制度；

10. 经常轮换工作，以培养人的多种才能，扩大雇员的职业发展道路；

11. 认真做好基层一线雇员的发动工作，使变革在基层顺利进行；

12. 找出可以让基层雇员参与的领域，实行参与管理；

13. 建立员工个人和组织的全面整体关系。

大内认为这个过程要经常重复，而且需要相当长的时间，比如10～15年。我希望大内的结论不要影响管理者对组织变革的疑虑，组织管理因为涉及所有成员，的确不是容易的事情。但是无论如何，组织变革都是管理者今天必须面对的话题，因为如果不能实现组织变革，企业就无法获得面对今天市场的竞争力。

企业的成功离不开信任、敏感与亲密，因此我非常同意大内的主张，以坦白、开放、沟通作为基本原则来实行组织管理。企业除了不断地提升自己的技术和资金实力之外，更需要在组织文化方面提升自己的能力，唯有让企业组织具有强大的协同能力，才能真正提升企业的竞争力，大内给了我们一个非常好的角度和可以运用的方法。

互联网技术与互联网经济给企业组织带来的挑战，相较大内研究当时美国企业面对日本企业的挑战，有过之无不及。特别表现在个体具有的新能力上，个体已经不再依赖于组织，组织如何管理个体，成为今天组织管理的难题。我在想"信任、敏感与亲密"是否可以解决现在组织与人之间的协同关系呢？坦白、开放和沟通是否同样可以作为今天的基本原则来进行组织管理？在今天的环境下，如果你愿意安静下来重新阅读大内的观点，会带给你一些意想不到的启示。

Z 理论（珍藏版）

出版时间：2013-05-01
出版社：机械工业出版社
ISBN：978-7-111-42275-4
定价：40.00 元

内容简介

威廉·大内从组织角度研究了日本企业极其成功的模式，希望从拥有不同文化背景的日本企业身上找到美国企业可以借鉴的东西，希望化威胁为美国企业发展的动力。

虽然《Z 理论》用很大的篇幅论述日本企业的优势，但其中讨论的内容已经不局限于对日美企业的比较和分析，而上升到一般意义上的组织范畴。作者挑选了日美两国的一些典型企业作为研究对象，从雇用制、评估与升职、雇员的职业发展、控制机制、决策、负责制和对整体或局部的关注等方面分析了双方企业或组织的特点。

《Z 理论》作者在麦格雷戈"X 理论"和"Y 理论"管理学说的基础上，提出了"Z 理论"，强调组织管理的文化因素，并认为组织在生产力上不仅需要考虑技术和利润等硬性指标，而且应考虑软性因素，如信任、人与人之间的密切关系和微妙性等。X 理论和 Y 理论体现了西方的管理原则，而 Z 理论则强调在组织管理中加入东方的人性化因素，是东西方文化和管理哲学的碰撞与融合。

作者简介

威廉·大内（William G. Ouchi），日裔美国管理学家，加利福尼亚州立大学管理学教授，获得斯坦福大学企业管理硕士、芝加哥大学企业管理博士，担任数家《财富》500 强企业的顾问。

大内从 1973 年开始专门研究日本企业管理，经过调查比较日美两国管理的经验，提出了"Z 理论"。《Z 理论》出版后，立即得到各国管理界和管理学者的注意，引起了广泛的重视，成为畅销书，并产生了深远的影响。

远离竞争
《竞争战略》

技术与环境的变化,让市场在瞬息之间变化无常,曾经居于行业领导者地位的诺基亚被淘汰出局,让很多人震惊,这些巨变让人们似乎看不到游戏规则,也看不到市场的规律,只感受到存在于巨变和竞争之中。多年前大部分人接受迈克尔·波特的竞争理论,也重复他所阐述的观点:从单一产业层面,延伸到多种业务或者多元化经营的企业。产业的结构与演变,以及企业从中获得并维系竞争优势,关键就在于竞争。但是今天,当我们把自己放在现实的市场中,理性地看待迈克尔·波特的"竞争理论",才发现他的理论精髓不是竞争,而是远离竞争,竞争的目的是离开竞争。

谈到竞争,大家会很容易谈到迈克尔·波特的三大竞争战略:低成本战略、高差异战略、专门化战略。我很同意这些都是竞争战略,但是我更清楚,这些都是竞争的手段或者方法,这些手段和方法也是所有企业都追求的,如果每家企业都以成本作为自己进入市场的基本条件,那么竞争就无法避免。因此,对于波特竞争理论的理解不能局限在这三个明确的战略上,而是要理解更本质的东西:如何远离竞争!其中最令人兴奋的是对"蓝海战略"的理解,我尝试着从人们对竞争理解的误区去做分析。

"竞争之外"的理解:如何远离竞争

我用下图来传达我要表达的意思,在波特的竞争理论中,他非常明确地认为:对于一家企业来说,最重要的选择是如何理解竞争。正确的理解应该是沿着图所表达的方向来进行。

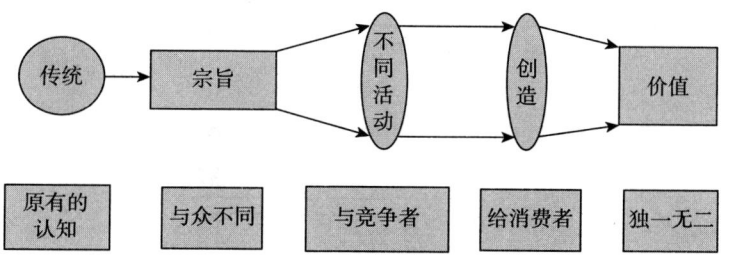

第一步,充分理解所在行业的特性、行业运行的规律、消费者的原有认知。

第二步,必须明确企业的宗旨与所在行业内的企业不同,要以全新的认知来理解所在的行业,要把企业放在环境中,而不是行业中。

第三步,一定要展开与行业内竞争者完全不同的活动,不要依随竞争者来运作市场,不能够按照竞争者的战略来选择战略,要不断地创造出全新的活动来与消费者沟通。

第四步与第五步,立足于为消费者创造独一无二的价值,而不是为企业创造价值,必须是为消费者创造价值,并确保消费者感受到企业所创造的价值是独一无二的。

我们可以看看成功企业的个案:联邦快递公司,明确理解以往人们对信件和邮递物品的理解仅仅是安全、价格合理,但是联邦快递公司确立自己是一个提供"快捷"产品的公司,因为它清楚对于今天的商业环境来说,人们使用邮递方式,不仅仅是要求安全、价格,还有一个更高的期望是快捷、准时。因此联邦快递公司开始了"隔夜服务""明天上午10时30分送达"等一系列完全不同于行业内其他邮递公司的活动，正是这些完全不同的活动，使得消费者感受到了完全不同的价值，值得信赖、值得托付、准时到达、超出想象等，也正是这些消费者感受到的不同价值使得联邦快递公司迅速脱颖而出。同样的例子是我观察中国快递市场的变化，顺丰快递脱颖而出，就是因为它解决了"到家门口一公里"的困难，顺丰没有把自己定位在邮递行业中，而是把自己定位在顾客邮寄解决方案的提供商，用最快的时间、最直接到户的方式，获得了顾客对其方便程度的认可，也让顺丰成为众多消费者信赖的生活伙伴。因此竞争从本质上讲不是与同行做同样的事情，而是与同行做不同的事情。

竞争的出发点是抗竞争而不是竞争

事实上，我们对竞争的理解一直存在偏差，没有从根本上去理解。**我们先从竞争的基本态势上看，竞争作为企业进入市场的基本状态，是企业需要面临的一种格局，我们可以用四种状态（即竞争的四种基本态势）来描述这种竞争的格局：新人、取代、一方独大、战斗。**新人的态势是指新公司进入市场，打破原有的竞争态势。在这种态势中，关键不是与谁竞争，而是重新形成竞争格局。形成这种新格局的原因可能是新的商业规则确定，可能是新市场的开发，可能是新的企业组合，也可能是全新的技术替代。取代的态势是指我与你一样，但是我比你提供更多好处的替代品威胁。在这种态势中，关键是基于顾客价值做全新的调整，一方面可以满足顾客需求，一方面可以提升行业的成长。一方独大是指购买者或供应商一方势力蓬勃发展引起的竞争威胁。这种态势的关键是价值链的重新调整，是价值分享的提供者所做的更进一步的努力，从而改变竞争态势，这种改变可能来源于技术，可能来源于独有资源的占有，也可能来源于创新。战斗是指市场现有竞争者的火并。这是最后一种态势，也是中国企业运用得最多的一种态势。

如果企业清楚在竞争的基本态势中只有一种是现有竞争者火并，而其他三种态势都没有直接冲突，那么企业就应该明白在竞争态势本身陷入竞争僵局的选择是最后一种竞争形态，并不是竞争本身。

竞争作为企业进入市场的基本状态，企业就需要掌握一种竞争的方法，这种竞争的方法可以用三种定律来描述：重生、破均、革命。竞争定律之一是重生，即通过重新定位将企业能量发挥得淋漓尽致。这种方法要求企业自身深刻地理解顾客价值，深刻地理解行业的价值；竞争定律之二是破均，即打破原有均衡态势，影响平衡状态。这种方法是基于对市场结构和顾客结构的深刻认识，基于对顾客组织的深刻理解。竞争定律之三是革命，即借由改变产业的游戏规则，创造生存的空间。这种方法更是清晰准确地理解行业，理解价值链上各个环节的价值贡献，借助于对价值分配的管理来改变竞争的格局。所以从竞争的法则上看，所有法则的出发点是抗竞争而不是竞争。

竞争战略的本质是选择不做哪些事情

迈克尔·波特也曾明确说过：战略就是选择，选择做什么，选择不做什么。**对于竞争战略来说，在其本质上是选择不做什么**。大部分企业都会认为竞争就是针对竞争者做出选择，这样的说法我并不反对，只是我发现大家在这个认识的前提下，却选择针对竞争者的做法做出回应，不是选择不做什么，而是选择做什么。看一下中国家电市场，当家电进入完全竞争状态的时候，所有的家电企业都选择了降价的竞争策略，而当家电的通路企业崛起的时候，大型的家电专业零售企业，再一次掀起了降价的热潮，无一幸免。可是看看三星，同样是以家电起家，却选择了不做家电产品，而是进入数字产品，不是用价格取胜，而是以设计取胜，同行是学习的榜样，不是竞争的对手，三星鼓励公司同仁使用其他品牌的电器以取他人之长。李健熙自己的家里也是一个电子产品实验室,公司的新产品和对手公司的产品他第一时间试用。保持和时代同步,吸取同行的优点也是三星人的优势之一。在三星的竞争策略里,李健熙曾经明确告诫他的同仁:如果我们还是和中国的企业一样生产家电产品,我们一定会输掉,因为中国家电企业能够生产更好的家电产品,但是成本更低,物美价廉,所以我们需要走到高端产品上去,走到技术带来竞争优势的方向上去。正是李健熙选择与中国家电企业做不同的事情,所以在10年后的今天,三星成为全球电子第一品牌,其一个分公司的销售额都能超过2000亿美元。以选择不做哪些事情作为自己竞争战略的企业都获得了辉煌的成功,苹果、华为、可口可乐、IBM等都是如此。

竞争活动的特性就是创造生存空间

小米手机三年创造300亿销售额,100亿美元市值的奇迹,让很多人惊讶,在技术界和制造领域都引起了非常大的震动。很多人开始去分析、了解小米独特的商业模式,大家把其成功归功于"粉丝经济"。我不做这个方面的评价,但是有一点可以肯定,小米手机与三星手机、苹果手机在做绝对不同的事情。小米手机没有选择去与三星手机或者苹果手机竞争,而是为自己寻找到一个非常奇特的生存空间,即"米粉"。小米手机用集中的力量,去维护"米粉"们的体验,保持着有效的互动,并和"米粉"一起创造了属于小米的共同的奇迹。

2004年开始我一直主张价值链竞争,不断地强调竞争不再是产品与产品、企业与企业,而是价值链与价值链。我之所以不断地强调价值链的作用,是因为只有在价值链上我们才可以找到企业的生存空间,而创造生存空间是竞争活动的本质特性。企业所选择的竞争活动,如果不是从创造生存空间的角度去做的话,这些竞争活动就没有意义,这样竞争的结果只能是两败俱伤。我们一直都有这方面的教训,家电的价格之战、手机的模仿之战、零售业的圈地之战、出口产品的抢单、同质化竞争等，这样的竞争活动使得大部分企业不断地陷入价格陷阱、广告陷阱、促销陷阱、成本陷阱，苦不堪言，没有谁能以这样的竞争活动脱离竞争，反而陷入竞争的僵局而不能够自保。相反，能够以创造生存空间作为竞争活动选择的企业进入领先者的地位，家电企业海尔第一个在服务领域创造生存空间，而远离了家电行业的价格之战。到了2014年，美的、格力也经过技术创新、品质提升、渠道创新等一系列的努力，脱离竞争而拥有了属于自己的发展空间并保持着领导者的地位。

竞争的关键是寻找新定位

企业如何确定自己的竞争优势，不同的角度会有不同的解释。如果从资源的角度来说，独有的资源占有确实是竞争优势的来源，所以在前些年的竞争中，一部分企业依赖地理位置获得了成功，一部分企业依赖产业配套获得了成功，一部分企业依赖规模获得成功，还有依赖人才、资金、技术和产品，甚至依赖土地等资源都可以获得成功。近几年的竞争中，企业发现依赖资源已经无法获得成功，所以开始寻求能力上的突破，创新能力、整合能力、速度能力以及自我超越的能力成就了很多企业，而我们也把能够让资源和能力结合并产生以下四个方面价值的企业，称为具有核心竞争优势的企业。这四个方面是：稀缺的、不可替代的、模仿成本高的、独有的。核心竞争优势成为大部分企业不断追求的方向。

但是我们同样清楚地知道，核心竞争优势是可以转移的，如果企业不能持续地提升自己的能力，不能够持续地关注能力与资源的结合所产生的价值，企业就无法保持自己的核心竞争能力。更重要的是，市场环境是一个巨变的状态，对于企业的要求变得更加苛刻，人们公认的法则是：变，是唯一不变的。所以企业需要不断地面对环境做出调整，而调整的关键就是寻找新的定位。

典型的代表就是电脑行业的演变，苹果电脑开创了电脑的先河，并启蒙整个电脑产业，当时的苹果机定位于专业的、不兼容的机器，只能够运用自己的程序语言和设备，苹果机因自身技术成为行业的领导者。IBM的出现，打破了苹果的垄断，IBM的方式非常简单，IBM是一个可以兼容的商用机器，正是这样一个兼容的定位，使得IBM很快成为电脑行业的领导者。也许我们会认为IBM已经成为蓝色巨人，不会有谁可以动摇它的领导者地位，但是之后出现的康柏电脑再一次改变电脑行业的格局。而发生这一改变的原因是，在IBM的认知里，电脑仍然是专业的产品，需要专业人士才可以使用；到了康柏电脑阶段，电脑被康柏公司定位于个人消费品。用康柏公司的话来说就是，每个人的桌子上应该都有一台电脑。据说创业的两人就在咖啡桌上画出草图打败了蓝色巨人，电脑行业的新领导者于是变成康柏电脑。更令人惊喜的是，在康柏电脑之后又有一个公司脱颖而出，这就是戴尔。戴尔的成功仍然是重新定位电脑产品，在戴尔的认知中，电脑不仅仅是个人消费品，还应该是一个个性化的产品。戴尔把电脑这一全新的定位实现在独创的"直接定制"经营模式中，结果戴尔大胜。联想清楚知道自己的特点，所以清晰地选择了"贸工技"而非"技工贸"的战略，战略的选择使得联想拥有了中国最大的规模和丰富的分销渠道；在购并了IBM的PC之后，联想完成了国际化及全球渠道的布局；随着"家电下乡"政策的出台，联想更是把自己的渠道铺进了中国广大的三四级城市；通过丰富而庞大的渠道网络，联想把自己定位在电脑分销上，让联想走到了全球PC行业的前端。

从苹果公司到联想公司，电脑产品经历了五代替换，而竞争变化的主线无一例外是重新定位，每一个在竞争中获得优势的企业都是能够清晰确定自己的定位，从而获得竞争优势的企业。

今天的互联网企业的成功更加能够说明这个问题，阿里巴巴把自己定位在"让天下没有难做的生意"，使得阿里巴巴没有陷入贸易竞争之中，更让其走到了属于自己的位置上而远离竞争。小米用其独创的"粉丝模式",脱离了传统的手机企业商业模式,把自己定位在一个互联网产品上而非通信产品上,使得小米仅用短短4年的时间就获得了其他企业30年时间才能获得的绩效。我最近常常和别人讨论"三只松鼠"的案例,一家坚果公司把自己定位在线上销售的坚果解决方案公司,结果仅用一年的时间,就成为同一品类的销售冠军。很多人都认为互联网带来了更剧烈的竞争,更激烈的变化,但是看到这些企业可以脱颖而出,完全驾驭互联网带来的变化的机会,更让我感受到不断重新定位所在的行业和所拥有的产品,的确可以让企业远离竞争。

回到我们今天的话题,竞争的目的到底是为了什么?如果竞争仅仅是为了获得竞争优势的话,那么我们可能会陷入竞争的僵局而不能自拔。就如我以上的分析,从竞争的出发点来说,竞争的出发点是抗竞争而不是竞争;从竞争战略的本质来说是选择不做哪些事情;从竞争活动的特性上看是创造生存空间,竞争的关键是寻找新定位。在分析竞争的各个角度时我们可以明确,竞争的目的是远离竞争,这就是波特竞争理论的精髓。

竞争战略

出版时间:2014-07-01
出版社:中信出版社
ISBN:978-7-508-64346-5
定价:88.00元

内容简介

竞争战略是指企业在同一使用价值的竞争上采取进攻或防守的长期行为。波特在本书中提出了三种卓有成效的竞争战略:总成本领先战略、差异化战略和集中战略,并对这三种通用战略实施的要求进行了详细的阐述与分析。他认为,所有企业都应该了解并制定相关战略,否则企业将在市场中处于不利的地位,并导致市场占有率低下、缺乏资本投资，从而削弱自己的竞争优势。没有形成竞争战略的企业注定是低利润的，它必须做出根本性的战略决策，向三种通用竞争战略靠拢。波特对竞争战略的研究开创了企业经营战略的新领域，对全球企业发展和管理学研究的进步做出了重要贡献。

作者简介

迈克尔·波特，哈佛商学院终身教授，当今世界竞争战略与竞争力领域公认的第一权威，被誉为"竞争战略之父"。他也是当今最伟大的商业思想家之一。在埃森哲公司和《时代》杂志对全球最有影响力的50位管理大师的排名中，波特位居第一。目前，他拥有瑞典、荷兰、法国等国大学的8个名誉博士学位。

波特获得的崇高地位源于他所提出的"五力模型""三大战略"等理论。作为国际商业领域备受推崇的大师之一，波特至今已出版了18部作品。

产品意图
《竞争大未来》

许多中国企业都在为赶超全球范围内的对手而努力奋斗，华为的成功更让人们看到了希望，并也渴望有相同的成功。人们不断关注生产力成本，不断关注供应链体系的建设，不断寻求技术的突破，甚至为了获得有利的竞争地位，开始尝试建立战略联盟。当我们欣赏这些努力的时候，也同时感到他们几乎都未能超出模仿的范围，许许多多公司发展到几百亿的规模，但是也仅仅是创造出国际竞争对手早已拥有的成本与质量方面的优势。当我们对自己企业的进步欢欣的时候，国际对手或早已放弃这些，进入到一个全新的领域当中。

这样看来，对于中国的企业来说，如何获得竞争优势需要重新思考。甚至对于战略的基本理论和概念也需要重新思考，以往强调的低成本、高差异、专门化是否能够真的给我们带来优势？以往强调的适应市场是否可以给我们带来优势？观察告诉我们，这些具有优势的国际企业寻求的是另外一种战略，与我们传统意义上的理解完全相反。这一根本的不同需要我们积极思考，认真理解。

我一直搜集关于战略、竞争优势和管理角色的不同观点，最后我认同了加里·哈默尔（Gary Hamel）和 C. K. 普拉哈拉德（C. K. Prahlad）的观点，他们认为战略有两种相反的方向，一种是西方管理普遍认可的，即中心是保持战略的适应性；另一种重点是让资源产生杠杆作用。虽然这两种战略的方向不同，但是两者都清楚地意识到，利用有限的资源在充满敌意的环境中进行竞争这一问题，前者强调挖掘可持续的内在优势，后者强调必须促进企业学习如何通过创建新优势超越竞争对手。

那么隐含在战略之后的关键要素是什么？我们先回顾一下历史：1970年，没有几家日本公司拥有原材料基地、制造规模，或者美国的先进技术、欧洲的产业基础、世界市场的品牌。本田公司比美国通用汽车公司小，还没有向美国出口汽车。佳能公司最初带有迟疑地涉足复印机技术时，规模与施乐公司的价值40亿美元的发电站相比，小得可怜。但是在今天，本田公司几乎为世界制造了与克莱斯勒公司一样多的汽车，佳能公司已占有与施乐公司一样的世界单个市场的份额。这令人着迷的现象，一定有着内在的要素，我把它称之为"产品意图"（这个想法的产生是受加里·哈默尔和 C. K. 普拉哈拉德"战略意图"的启发）。我打算用"产品意图"来诠释我对于"战略意图"的理解。所以接下来的阐述完全是在这样的理解下展开，虽然我没有太多去介绍两位大师著作中的观点，但是他们对我的启示，让我可以把"产品意图"完整地呈现出来。

这些弱小的公司能够经过20年的努力一跃成为与大公司并驾齐驱的公司，就是因为它们拥有明确的**"产品意图"：将企业组织的注意力集中于产品成功的本质，透过产品传递企业的价值，将员工与产品联结在一起从而激发活力，让产品成为联结个人与团队的价值纽带，当环境发生变化的时候提出管理的新定义以保持热情，利用产品意图并始终如一地指导资源配置。**

产品意图紧紧抓住了成功的本质。可口可乐是一个产品意图非常明确的公司，公司清晰地表达了自己的意图——"买得到，买得起，乐得买"的"三买策略"。沿着这个策略，可口可乐公司不断地寻求展示这一意图的所有方法，这家公司努力在全世界范围内让每一位消费者都能"伸手可及"地喝到可乐，培育分装、经销体系，不断地与全世界的消费者沟通，从而成为全世界最为著名的企业。同样成功的是微软公司，微软的产品意图表现为"为世人提供一个看世界的窗口"，所以微软一直致力于操作系统"傻瓜化"，从视窗95、视窗98、视窗2000、视窗XP，直到今天视窗7、视窗8，微软所做的产品的努力给微软带来了持续的发展。相同的例子是苹果公司，苹果公司对于手机产业的挑战来自苹果公司对手机产品本质的深刻理解，在苹果公司看来，手机是一个"智能终端"，所以满足移动智能终端需求是这个产品的根本方向。为了体现这一产品价值，苹果公司成功发展了"设计简单直观"的策略，以"触动式非键盘"的方式体现产品意图，结果从众多的同行中脱颖而出，成为今天行业的领导者。

透过产品传递公司价值。公司价值如何展示一直是企业必须解决的问题，没有价值的公司是无法存活的，有价值的公司以什么传递价值又是一个非常难以选择的问题。恰好产品能够在其中起到作用。研究日本企业的成功，很多人从企业文化入手，但是我更倾向于从产品入手。本田公司正是由于对质量与成本的管控能力，使其成为美国市场的"宠儿"，在美国本田汽车就是"物美价廉"，而这也正是本田汽车自己的价值理念：更高的品质、更低的价格、更加年轻。很多公司在确定产品价格的时候，没有理解产品本身并不是体现价格的，而是体现公司的价值追求的。如果仅仅从产品价格去理解市场，只能够导致企业在市场上陷入竞争的困境，这也是中国企业目前普遍的问题，只有从公司的价值追求出发，通过产品传递公司的价值，才可以让顾客和企业之间建立一种价值选择关系，一旦建立起这样一种关系，企业就可以在顾客的价值追求中做出贡献。

员工只有与产品联结在一起才会激发真正的活力。如何激发员工的活力更是企业关注的根本性问题，人们从不同的角度来思考这个问题，更多的企业选择激励机制、企业文化建设和创造全新的组织环境。我同意这些努力都是必需的，但并不是这些努力做到了，员工的活力就被激发出来。甚至更加让人们觉得困难的是，激发出来的活力也只能保持一段时间，等过了一段时间员工又呈现出原有的状态无法改变。但是观察有活力的公司，发现一个令人振奋的现象：活力来源于员工与产品的互动。比如3M公司，这是一个被人认为具有活力的公司，员工们津津乐道于全新产品的开发，每一个员工都以能够创新产品为荣，结果公司上下都在不断地释放出热情。同样具有活力的公司是美国西南航空，这家小型航空公司，在简单朴实的机舱里创造出快乐享受的旅程，创造了20多年的持续增长和盈利，更重要的是创造了顾客全心接受的航空模式。虽然公司员工的收入不高，但是因为每个员工都是西南航空服务产品的代表，所以每一个员工真心地感受到快乐所带来的幸福，从而激发每一个员工给顾客带来快乐的力量。

让产品成为联结个人与团队的价值纽带。我一直很感兴趣青岛港的"许振超现象"，这是一个普通的码头集装箱装卸工，当有一次总经理告诉许振超装卸集装箱的世界纪录的时候，许振超决定冲击这个世界纪录，他与总经理约定打破这个领域的世界纪录，结果许振超真的就刷新了装卸集装箱的世界纪录，成为这个领域的"世界冠军"。这是一个让人激动的例子，装卸纪录成为许振超和总经理之间的约定时，青岛港和许振超创造了装卸领域的超人价值；换个角度说，当产品联结个人与团队的时候，个人和团队都会产生价值。我们也都记得张瑞敏带领海尔的员工用"铁榔头砸冰箱"的故事，其实三星也有过一次"砸手机"的故事，当时李健熙发现三星手机的质量非常糟糕，他把员工们叫到厂区前，把15万部手机摆在大家的面前，让大家自己亲手砸毁这些不合格的手机，15万部手机让三星人深刻理解什么是质量，什么是公司的产品。张瑞敏和李健熙都用反向的方式，让产品成为联结员工和公司之间的价值纽带，没有这个方面的努力应该就不会有海尔和三星今天的成就。

当环境发生变化时提出管理的新定义以保持热情。环境的不确定性已经成为常态,这是我近10年来不断强调的观点。但就是在这个不断变化的环境中,仍然有很多公司一直保持旺盛的发展势头,一直处在领先者的地位。人们不断地找寻他们成功的机理,不断地寻求这些成功公司内在的逻辑,我也如此去分析这些企业,之后发现,这些成功企业的发展逻辑是基于变化重新定义管理而保持热情。20世纪60年代至90年代初期,日本人通过注重**低成本、高质量和生产率**,悄悄地创建了制造强国。美国公司别无选择,只能静下心来研究如何转型,企业领导人被迫把精力集中在经营业绩上,这个时代的代表人物是通用电气的杰克·韦尔奇。他将一个平庸乏味的工业企业集团转型为充满活力的服务型企业,使得通用电气成为精密的增长机器和管理模式,特别是核心业务单元战略的计划管理引领通用电气成为全世界价值最高的公司。主宰20世纪90年代后期管理思想的四大信条是:**商业模式创新、生产力、速度和股东价值**。比尔·盖茨正是拥有了这些特征,成为了"速度之父",在他的主导下,电脑成为每个人必需的工具,他用创造性的商业模式,把一个少数大企业支配的市场转变为一个开放的舞台,新的商业机会不断涌现,价格不断下降。到了21世纪的第一个10年,主宰商业世界的是**互动与社会化**,乔布斯真正理解了这个时代的核心特征,他创造性地贡献了iPad、iPhone这样的时代产品,将创新带入了草根阶层,让一切皆有可能。

利用产品意图并始终如一的指导资源配置。在企业发展的过程中,资源有限是一个必须面对的情况,尤其是当对手特别强大的时候,你的资源会更加有限。产品意图的优势是可以让公司在资源有限的情况下充分调动资源集中在自己需要突出的地方,反而显示出资源的有效性。海信就是一个明显的代表,在彩电行业的发展中,早期需要集中在低成本的制造中,所以所有的彩电企业都在低的劳动生产力上投入资源,随着产业自身的升级,海信逐步把资源投放在技术研发上。因为在海信看来,产品需要能够引领消费而不是适应消费,当海信以这样的产品意图指导公司方向的时候,海信成为第一家中国彩电行业专注于研发投入的企业,因而今天彩电市场海信成为领导者。另一个领导者是TCL,TCL选择与海信不同的路径,但是一样采用了用产品意图指导资源配置,TCL投巨资建立华星光电,借此拥有了垂直整合的供应链,从而获得有利的行业地位。

如果从产品意图这个概念出发,我们不难发现:**以竞争攻击为选择的是失败的过程**。在很多企业盯紧竞争对手的持续发展中,导致了企业自身的发展困境,这样的企业不是了解顾客、不是了解市场、不是了解顾客价值,一味以为竞争对手代表顾客、代表市场,反而忽略了真正能够代表顾客和市场的核心要素——产品,这是我们很多企业真正失败的原因。有关这本书的内容还需你自己去看,我所感谢的是这本书给我的启发,让我去理解到产品意图这个概念及内涵。

竞争大未来

内容简介

1989年,哈默尔和普拉哈拉德的一篇标题为"战略意图"(*Strategic Intent*)的文章,引起了战略观念的突破,具有划时代的意义,这篇文章当时发表在了《哈佛商业评论》上。哈默尔和普拉哈拉德认为,企业若想取得成功,必须在企业内部大力宣传自己的战略意图,实现企业战略目的与战略手段的和谐。

作者简介

C.K.普拉哈拉德,"核心竞争力"理论创始人之一。与加里·哈默尔(Pary Hamel)于1994年合著的《竞争大未来》(*Competing for the Future*)是畅销经典著作,被认为是20世纪90年代最有影响力的管理学著作之一,被誉为"近十年最具影响力的商业书籍"。

哈默尔和普拉哈拉德为战略意图所下的定义是:一个雄心勃勃的宏伟梦想,它是企业的动力之源,它能够为企业带来情感和智能上的双重能量,借此企业才能迈上未来的成功之旅。如果把企业的战略体系架构（包括功能配置、竞争力获取、资源重组在内的高端蓝图）比喻为企业大脑的话，那么战略意图则是企业的心脏。战略意图应该表现出一种迎接未来挑战的张力——当前的资源与能力不足以完成企业所面临的任务和挑战。

重塑企业的经营
《营销想象力》

拿到机械工业出版社给我的《营销想象力》这本书稿时，内心的震动是无法形容的，一是因为作者西奥多·里维特曾经给予我无法形容的影响；二是因为能够在纪念作者的时刻里，得到仔细研读此书的机会。确切地讲，这不是一本写给营销人员看的书，这是一本给企业最高决策层和经理人看的书，如果不能够深刻理解这本书所提出的观点，在这样一个不确定性成为常态的世界里，企业很快就会陷入泥潭不能够自拔。

在经历了接近30年的高速成长，中国大部分有着超过20年历史的公司开始陷入一种称之为"增长陷阱"的感觉，一方面市场还是在不断的进步，另一方面企业却越来越要面对更多的困难，人力资源的发展瓶颈、灵活的战略、不确定的市场营销、变化神速的技术，等等，人们开始质疑管理的努力能够给企业带来多少贡献。

就其本质而言，企业应当贴近顾客，作为企业就应该去满足顾客的需求，但是越来越多的企业让我感觉到是脱离了经营的现实，过于热衷于竞争游戏，而不是从事围绕顾客需求所展开的日常工作。在过去的接近30

年间，我们的企业的绝大多数领域都经历了巨大的变化：制造活动实施了全面质量管理，成本在大幅下降，供应活动正努力向即时管理方向过渡，信息技术的运用使得企业内部大量的工作被替代，管理人员的数量也在减少，等等，但是，我最为惊讶的是在这一切努力的背后，对于顾客所做的努力并没有太大的改变，**也就是说企业的经营没有什么改变，人们在营销上的努力并不明显。**

但是，正如西奥多·里维特所言："企业的目的就是吸引并且留住顾客。如果不能吸引一定比例有购买能力的顾客，企业就不可能存续。顾客为了解决自己的问题，总是有许许多多的选择，而他们购买的其实不是产品，而是用来解决问题的方案。企业只有不懈努力，帮助顾客更好地解决问题，也就是为他们提供更加出色的功能、更高的价值和更加便利的服务，才有可能生存和繁荣。"

事实上，无论是在幕后默默无闻地工作还是直接面对大众，对企业家来说，迅速树立产品形象和制定适宜的营销战略以确立产品的市场地位非常重要。星巴克公司的首席执行官霍华德·舒尔茨对如何在一个成熟的行业创立一个名牌有着独到的见解：它不是靠炫目的广告，而是致力于让员工对香浓的咖啡产生一种狂热，从而影响顾客的消费行为。肯德基的创始人哈兰德·桑德斯采取了不同的策略：他树立具有亲和力的个人形象，亲身推广产品。乔布斯每一次的新产品发布会，都会成为一次盛典。虽然每个人对如何销售自己的产品有着自己独到的方法，但是关键是要找到一种最合适的方法。

如何寻找最合适的方法，《营销想象力》给了我们很好的思考角度，西奥多·里维特提醒我们："管理者最担心的不确定性往往来自于市场，无论他们是处在美国、苏联，还是在阿联酋，或者联合劝募会。市场是显然存在的，而且谁都无法逃避它。所有商业机构的命运，最终都是在市场冷酷无情的运转中决定的。"那么，今天的市场到底发生了什么样的改变呢？

我曾经以自己的角度把企业的经营分为四种方式：第一种是薄利多销型；第二种是品牌型；第三种是服务型；第四种是个性化满足型。这样的分法不见得正确，但是可以让我表达我的想法。如果经营有四种形态，那么我们的企业仅仅是停留在第一种形态中，也就是仅仅做到了薄利多销而已；换句话说，中国的企业是成长于"大量营销"的时代，企业的主要任务就是说服消费者接纳公司提供的产品。薄利多销的逻辑是一种大量生产的逻辑——企业的产量越高，单位产品的成本越低，因而盈利能力和竞争力就越强。但是我们都很清楚，这个逻辑今天遇到了挑战：

1. 产品生命周期缩短。每一年都会涌现出 15 000 种以上的新产品或者新型号，其中超过 90% 的新产品的生存都不会超过 12 个月。

2. 敌对与高傲。企业大多数的活动并没有真正围绕顾客展开，虽然顾客导向是企业今天最常使用的一个说法，但也仅仅是一个时髦的口号而已。很多企业并没有真的看得起顾客，他们总是试图操作顾客，这可以从许多广告中的语气感受得到，也可以从购买的现实过程中体会得到。

3. 关心的是实质而不是形式。很多企业的主要兴趣是在为自己的产品或者服务创造某种形象，但是却没有多少企业真的下功夫确保产品或者服务是与顾客期望的形象相符。所以对顾客而言，他们更关心实质而不是形式，企业产品或服务能够给顾客带来的实际价值才是顾客给予企业的评价，在此基础上才会有企业形象。

以上仅仅是企业所面对的一部分挑战，但是即便是这样，我们的企业如果不作改变，企业的发展就会停滞。

尽管我们以薄利多销的形态走过了接近 30 年，也取得了令人瞩目的成就，但是我们还是需要明确地知道，顾客时代已经开始。我不清楚接下来会有什么样的新概念，但是企业为了应对面临的挑战并在未来的时代扮演好应有的角色，需要表现出来一系列新的特征，就是更好地理解顾客的需求，更好地提供真正的价值。其实早在 1960 年，西奥多·里维特在其影响深远的《营销近视症》中就提出顾客导向。西奥多·里维特认为，许多大量生产的组织错误地采取了"产品导向"而不是"顾客导向"，为此他写了这篇文章，这篇文章传达的关键信息之一是，**如果企业从提供大量制造的产品的做法转向满足顾客的真正需求，那么企业进入市场的方向就应该有重大的改变**。正是如此，因为顾客时代的到来，企业需要做重大的改变，不能够再以以往的成功经验来面对这个全新的时代，更加不能够沿用企业原有的定位，很多习惯性的做法都需要以顾客导向做全面的调整。

首先企业需要明确营销是全员而非营销人员的工作，"事实上，市场营销是公司内所有人的事情，每一个人最好都对它有所了解，不管这个人离营销职能有多么遥远，是一个研发人员，还是一个电话接线员"。接着企业需要对变化的市场有着足够的认识和准备，"如果仅仅依靠自己的创造，或者完全依赖自己在行业里的领导地位，那么没有哪家企业能够生存下来。这是一个竞争激烈的世界，竞争者们都渴望得胜。这些竞争者当中总有那么一些，在创造新事物的某些方面领先于所有其他企业。因此，一家公司在努力成为领导者和创新者的同时，也必须付出同样艰辛的努力，系统地向其他竞争者学习。"更为重要的是需要向顾客学习，无论是客户关系管理还是服务的工业化，甚至于差异化以及产品的生命周期的驾驭，西奥多·里维特都给予了独到的分析以及运用的方法。这些阐述的精辟和深刻是很少见的，我甚至无法再用其他的语言来阐述，读者可以深入到书中去感受。

企业真的能与时代同步吗？回答是企业必须与时代同步。进入 21 世纪，有部分企业意识到这个时代的变化，开始调整自己的方向和定位；有些企业开始的"客户经理"的努力，着手构建与顾客更紧密的关系，围绕关键顾客群展开顾客关系管理，等等；更有成功的企业运用对顾客细分需求的创新,开始了超越同行、引领变化的成长。但是对于大多数企业来说,并没有真正做到更深入更贴近地了解顾客,他们还在沿用过去对顾客的定义,简单地以地域、年龄或者购买规模来划分。这些企业所面临的根本问题是:并不了解顾客到底需要什么。西奥多·里维特指出:"企业首先必须了解顾客心中的'更好'是什么。为了弄清这一点,然后弄清有哪些工作应当完成,并以高超的智慧、满怀热忱去完成那些工作,我们就必须拥有想象力。"

在西奥多·里维特看来,"如果不能发挥营销想象力,不发挥热情的神奇力量,现代营销科学和深度分析都只会是百无一用。世人总是希望找到一些简便的方法和精细的计划,来解决他们碰到的问题。现在管理者也加入了这个行列;他们这样做是可以理解的。但是,这个世界到处都是虎视眈眈的竞争对手,这些对手在不停地发明新产品、寻找提供这些新产品的新方法,以此绕过那些根深蒂固的旧事物,远远地跑到了前面——那就是拜他们的想象力所赐。所以,即使是那些根基深厚的企业,也必须发挥自己的想象力。要知道,正是他们的想象力,还有他们的前辈们的事业心,把他们带到了现在这个位置。"我非常认同这个观点,事实上每一个走在同行前面的成功企业,都是在满足顾客需求中充分发挥想象力,给顾客以全新的感受和帮助;也正是这些企业能够做到这一点,让顾客感受到"物超所值",顾客才不断地与企业互动,从而使这家企业能够走在行业的前端。经历过市场变化洗礼的企业,会认识到全世界的商业惯例都面临着同一种情况:商业惯例中的很多假设,只要有想象力和胆识,并且坚持不懈地发起攻击,它们就会轰然倒塌。成功的企业总是能够运用想象力,去抓住市场边界不断消融甚至消失所带来的大好机会。花旗银行对金融产品的想象力开启了金融创新的新时代,宜家家居的想象力使得家具和家居的个性化得以实现,阿里巴巴对于互联网的想象力让天下没有难做的生意,分众传媒对楼宇的想象力让广告变换了新的展示力量。西奥多·里维特对

"营销想象力"的界定和阐述给予我们一个更为宽广的视角,也给了我们一个可以努力的方向,如果我们切实地理解和具备营销想象力,对于顾客真实的理解加上可实现能力,企业就一定能够与时代同步。

　　"未来几乎肯定是一个新的未来。通信、旅行和运输的平民化,让我们的各种习惯都变得接近,而决定我们的行为和消费的就正是我们这些习惯。从主要梗概来看,各地的这些习惯都会越来越相似。抗拒或者抵制这些习惯在商业上的含义,就是重蹈一些傲慢的老公司的覆辙——这些公司躺在商业世界的坟墓中,无人识得或者已被人彻底遗忘。"这是西奥多·里维特说的一段话,我借此来作为自己的结束语。也正如西奥多·里维特本人在序中写的一样,"我希望,读者能从本书中发现许多可以立即付诸实践的东西。但是,我更加希望读者的认知系统可以因此得到些许提高,他们的营销想象力会得到极大的激发,从而在实际工作中取得更大的成效"。

营销想象力

出版时间:2007-06-01
出版社:机械工业出版社
ISBN:978-7-111-21399-4
定价:38.00元

内容简介

　　如果不能发挥营销想象力,不发挥热情的神奇力量,现代营销科学和深度分析都只会是百无一用。世人总是希望找到一些简便的方法和精细的计划,来解决他们碰到的问题……但是,这个世界到处都是虎视眈眈的竞争对手,这些对手在不停地发明新产品、寻找提供这些新产品的新方法,以此绕过那些根深蒂固的旧事物,远远地跑到前面——那就是拜他们的想象力所赐。所以,即使是那些根基深厚的企业,也必须发挥自己的想象力。要知道,正是他们的想象力,还有他们前辈们的事业心,把他们带到了现在这个位置。

作者简介

西奥多·里维特（Theodore Levitt, 1925—2006），现代营销学的奠基人之一，营销的营销者西奥多·里维特是市场营销领域里程碑式的偶像人物，他曾经担任《哈佛商业评论》的主编。他那些令人耳目一新的、精心编撰的、但又充满争议的书籍和文章影响了一代又一代的学者和实业界人士。

选择成就卓越
《选择卓越》

吉姆·柯林斯被誉为当今最具影响力的管理思想家，他的著作《基业长青》《从优秀到卓越》所具有的广泛影响，不需要我再赘述，不过现在我想与大家分享的是他的一本新书，2011年10月出版的，历时9年的管理研究成果《选择卓越》。这一成果解释了为什么有些企业可以在动荡的环境下获得巨大的成功。刘祯在美国第一时间提供帮助，让我可以先了解到本书的观点。吉姆·柯林斯在书的最后说明了缘何选取"选择卓越"作为书名，他表达了对"美国当代文化"的忧虑："越加盛行的一个观点是，人们更加希望通过环境和运气而不是行动和自我训练来获得巨大成功，我们真的希望构建一个鼓励我们相信可以不对自我选择和自我绩效负责的社会和文化吗？"犹如内丹术中所讲的"我命由我不由天"，柯林斯实际上是在重拾美国"个人英雄主义"的传统，环境越动荡，越应有更加严格的自我选择与训练，这是世人适世之所需。这对于今天的中国企业管理者至关重要。

柯林斯在书中阐述了很多观点，给我印象最深的是被他称之为"10倍领先者"的企业，以及对取得如此成效的企业的分析。这些企业被称为"10

倍领先者"，他们的绩效在行业平均水平的 10 倍以上。这些企业具体满足三个方面的基本要求：首先，**持续高水平绩效**，即连续 15 年以上绩效水平远高于平均水平；**逆境成长**，这些是在逆境中获得的持续高水平绩效，环境动荡，充满了不确定性和不可控，还有潜在的危险；**低起点**，由弱到强，这些卓越企业的成长起点都很脆弱，在 10 倍旅途之初都非常年轻，规模也很小。

类似于投资回报（Return on Investment，ROI）、资产回报（Return on Assets，ROA），基于对外界运气的回报，吉姆·柯林斯创造了一个新的概念：运气回报（Return on Luck，ROL），并强调指出，绝不能将运气与运气回报混为一谈，即好运不等于好报，而厄运也不等于恶报。在下图中，柯林斯以运气和运气回报为两个维度划分了四个象限，不同的企业在其中有了不同的表现，在好运的环境之下，具备基本能力的企业可以获得很好的回报，那些基本功差的企业则走向了平庸；在厄运的环境下，10 倍领先者度过了生死关头，而平庸的企业则在厄运之下走向死亡。这就是柯林斯最新研究所观察到的现象：一些企业在厄运之下大放光彩（第一象限，Great Return On Bad Luck），这是为什么？

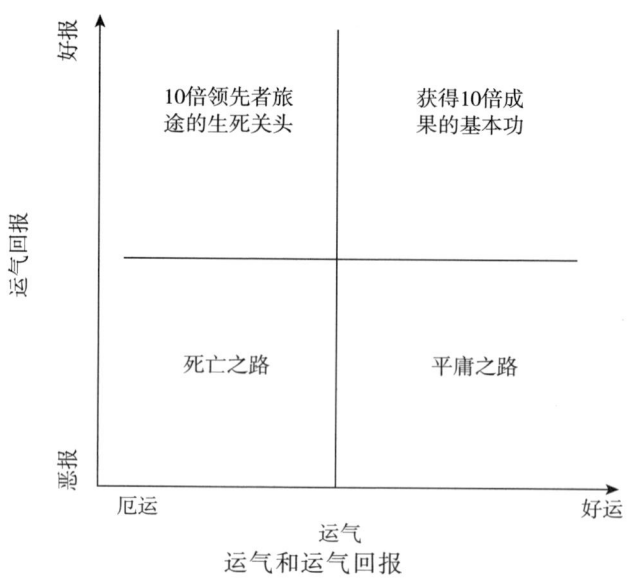

运气和运气回报

吉姆·柯林斯在研究中发现，10 倍领先者有两个方面的特征，首先从思想上，10 倍领先者是一个矛盾体，他们既不抱怨现实，也不屈服于现实，即一方面他们能够意识到所面临的持续的不确定性，以及这些不确定性的不可控制和不可预测，另一方面，他们又不相信这些外在的不确定可以决定他们的成果，他们会对自己的命运全权负责，这种思想表现在下图所示的中央"第五级事业心"，这种强烈的不屈不挠的进取心成为了行为的核心动力。其次，从行动上，10 倍领先者把这种思想转化成为下图所示的三种核心行为：高度自律，实证创新，转危为安。高度自律是指，在整个发展过程之中，不论环境如何改变，都对价值观坚守，对长期目标坚守，并且坚持高水平的绩效标准，而乱世中随波逐流的结局很可能是死路一条，即厄运下的恶报。实证创新是指，10 倍领先者的创造力来源于实证基础，他们依赖于直接观察和进行实践的实验，而非依赖于个人观点、传统思维以及未曾测试的想法，相比许多对照企业领导者的疯狂自信，10 倍领先者的领导者则多了一份理智。转危为安是指，10 倍领先者对环境保持了高度的警惕，居安思危，他们相信环境会突如其来对其进行攻击，更重要的是，他们会采取必要的准备和措施来解决危机，做到有效应急。

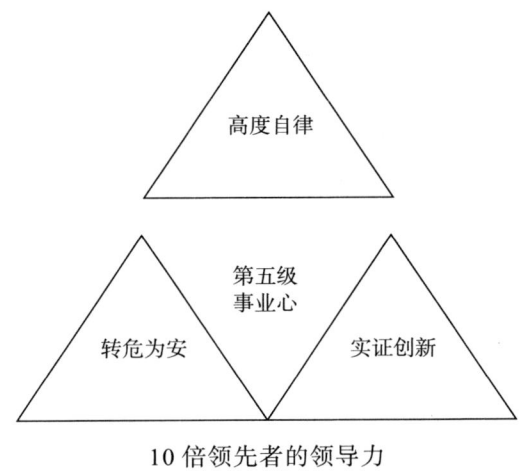

10 倍领先者的领导力

最近一周，美国最大的一条新闻就是美国人民几乎一夜之间就喜爱上了一个篮球运动员林书豪，他变得家喻户晓，国内媒体的报道更喜欢以"一夜成名"来形容这位美籍华人，但美国人真正喜爱林书豪，并非是因为"一夜成名"，而是因为他曾经是一个"Underdog"（斗败了的狗，劣势一方）。事实上，这"一夜"非常漫长，从哈佛大学校队开始，林书豪就在持续地进行持续的准备，不论有没有机会上场，也不论上场的机会多少，他都如此坚持，从而有了今天的成功。事实上，篮球和NBA并非美国人民最为热爱的运动和项目，但林书豪从"Underdog"到今天的"一夜成名"的过程却是美国人所真正欣赏的，这种欣赏超越了运动本身和商业目的。表面看来，中国现在似乎也处在一个"一夜成名"的时代，诸如"央视春晚""超级女声""星光大道"等平台几乎可以令人一夜成名，但是若要持续保持领先就必须清楚：不应该把这些"好运"当作最重要的原因，你的卓越一定来源于你的选择、你的持续努力和自我训练。

选择卓越

出版时间：2012-11-01
出版社：中信出版社
ISBN：978-7-508-63580-4
定价：49.00 元

内容简介

如何在一个不可预测的、动荡不安的、瞬息万变的时代打造一家真正卓越的企业？这是《选择卓越》这本书的主题。《选择卓越》不同于柯林斯先前的著作，这是因为它的关注重点不仅仅在业绩表现上，还在时下领导者所面临的不稳定的环境类型上。作者在全美国2万多家公司中进行了11层筛选，找出7家安然渡过产业逆境与动荡的企业。基于超过20人的研究团队，柯林斯和汉森对那些在充满巨大力量和急剧变革（这都是领导者所无法预测或控制的）的环境中取得卓越成就的公司进行了研究。研究结果颇具争议性，也让人感到吃惊。比如，最优秀的领导者并不比对比组公司的领导者更具冒险精神、更具远见或更具创造性；他们更恪守纪律，更注重实证验证，更为焦虑。

在一个混乱的、充满不确定性的世界里，创新本身并不是一张王牌，更重要的是适度创新的能力和将创造性与纪律相结合的能力。

通过引人深思的、黏性的和极其有力的实践概念，作者对传统智慧发起了挑战。这些概念包括：10倍速领导者；20英里征程；先发射子弹，后发射炮弹；超越生死线；先将镜头拉远，后将镜头拉近；以及SMAC方法。

柯林斯和汉森在《选择卓越》的最后一章向读者呈现了他们最具争议和最为新颖的分析：对运气角色的定义、量化和研究。卓越公司及其领导者并不比对比组公司及其领导者更有运气，但却获得了更高的运气回报率。本书是典型的柯林斯式著作：反传统、数据驱动、振奋人心。他和汉森以令人信服的证据表明，即便是在一个混乱的、充满不确定性的世界里，卓越也可以通过选择而非运气来实现。

作者简介

吉姆·柯林斯，出版过《从优秀到卓越》《基业长青》和《再造卓越》等著作，全球销量超过1000万册。柯林斯的研究和教职生涯始于斯坦福大学商学院，并于1992年荣膺该校杰出教学奖。目前，他在科罗拉多州的博尔德运营一家管理实验室，主要开展研究和教学工作，并为企业界和社会部门的高管提供咨询服务。

莫滕 T. 汉森，加州大学伯克利分校（信息学院）和欧洲工商管理学院的管理学教授。他毕业于斯坦福大学商学院，拥有博士学位，就读博士期间为富布赖特学者，后曾在哈佛商学院担任过教授。他是《协作》一书的作者，同时也是《管理科学季刊》学术贡献奖的获得者——该奖用以表彰他对组织研究的卓越贡献。作为波士顿咨询公司的前管理者，莫滕现在为世界各地的公司提供咨询服务，并开展演讲活动。

如何让管理者胜任
《领导梯队》

拉姆·查兰是我特别喜欢的一个独特的研究学者，他一直以管理咨询的身份工作，但是其著作所探讨的话题的研究价值，给我很奇特的启示，我总是把他的作品一一推荐给我所熟悉的人，自己也不断阅读他的著作，从中寻求管理实践难题的解答。比如他的《持续增长》一书，让我了解到任何行业、任何时候都有增长的机会，没有哪家企业成功到不可能失败，等等。这些企业管理实践中遇到的问题，在他那里都得到分析，并给出解决方案。《领导梯队》这本书也表现出拉姆·查兰一贯的研究思路，对如何形成领导梯队，给出解决方案。

能力与岗位的匹配，特别是各层级管理者的能力与岗位的匹配，是一个从未解决的老问题。正如彼得原理所说：在一个等级制度中，每个员工趋向于上升到他所不能胜任的地位。这话其实不很准确，员工的不能胜任很大程度上是由于"被提升"，责任更多在于人力部门，虽然员工本人未能主动寻求改进也是原因之一。

对于这部分已意识到问题的企业，不论是人力部门还是员工本人，我愿意与大家分享这本书。本书通过对六个典型的管理层级最经常出现的问题，从领导技能、时间管理、工作理念三个方面进行了分析，提出了改进建议。以我的经历来看，这些意见是有理也应有效的，该书倡导的"领导梯队模型"在100多家海外企业的实践，也已经表明了这一点。

对于另一部分自我感觉良好，尚未意识到问题的企业或员工，我也推荐这本书。"领导梯队模型"为我们提供了一套特有的诊断方式，根据一些特定的现象或线索，揭示出问题发生的具体层级，以及这个层级的人们所缺少的领导技能、时间管理能力和工作理念。

除了本书带给我们的这些工具性的帮助之外，我推荐本书的最根本的原因，是希望我们的企业和员工，能够从当前浮躁的对新概念和新工具的追求中，返回到对基础性管理的重视和改善上来。而作为远比资本更为稀缺的管理人才的培养和发展，正是基础性管理的重中之重。对这方面一些基本观念的梳理和厘清，则应先行一步。

以本书所揭示的现象来说，"事必躬亲"就是一个明显的例子，其基本含义就是管理者做了很多下属的工作，不可避免的后果就是忽视了很多自身层级的更为重要的工作。但传统上倾向于认为，"事必躬亲"是管理者的美德，其万世楷模就是诸葛亮。自从引进现代管理学以来，我们就认识到这是个观念的问题。其实历史上很早就有人反省诸葛亮的这种事无巨细、事必躬亲的管理风格，认为其阻碍了蜀国人才的成长，最终导致"蜀中无大将"，领导梯队的断裂葬送了蜀国一统天下的一点希望。但是，这种状况在近现代的政治上和如今的企业里仍然没有改观。为什么不论在政府里还是在企业里，"事必躬亲"是一种如此受欢迎的管理之道呢？

当然，背后的原因可能很复杂。可能是基于巩固权力基础的考量，可能是借此远离是非争端，可能是对下属的不信任，可能是因为对职位提升之前的工作更为熟悉，也可能是上级"事必躬亲"的风格导致整个管理层都只能做下一个层级的工作。总之，用该书的语言来说就是：领导者没有学会做最重要的事情。

正如该书所指出的，人们总是做出这样的推断：如果一个人能够出色地完成某个岗位的工作，那么他也可能会同样出色地完成下一个岗位的工作。正因为如此，几乎所有的组织都存在把人员配置在错误的层级的问题：一线经理大多数的时间都在做员工的工作；事业部总经理在做副总经理应该做的职能型管理工作；集团高管专注于事业部总经理应该做的业务工作。这不仅导致身为管理者的他们绩效不高，同时他们所管理的员工也会受到负面影响。不幸的是，在很多企业里这种错位甚至已经成为一种沾沾自喜的文化。

确保管理者所在的管理层级与其领导技能、时间管理能力和工作理念相符合，对企业而言是一项挑战。在当今这个领导力的需求远远大于供给的时代，在当今这个职业经理人的能力与诚信尚未确立的时代，我们必须迎接这个挑战。

该书为我们提供了一套工具。"领导梯队模型"将从员工成长为首席执行官的管理历程划分为六个领导力发展阶段，每一阶段都要掌握特定的领导技能、时间管理能力和工作理念。第一阶段：从管理自己到管理他人，重点是从自己做事转变为带队伍做事的工作理念的转变；第二阶段：从管理他人到管理经理人员，关键技能是教练选拔人才担任一线经理；第三阶段：从管理经理人员到管理职能部门，需要学会新的沟通技巧以跨越两个层次与员工进行沟通；第四阶段：从管理职能部门到事业部总经理，重点是转变思考方式，从盈利和长远发展的角度评估计划和方案；第五阶段：从事业部总经理到集团高管，必须擅长评估资金调拨和人员配置的战略规划；第六阶段：从集团高管到首席执行官，必须具备重视外部关系的视角。在此基础上，作者提出了评估、诊断和改进的一整套工具，这里就不再详述。

我欣赏本书的理念和实践工具，期望你和你的企业也能在该书的启发下提升自己和企业的表现。

领导梯队

出版时间：2011-07-01
出版社：机械工业出版社
ISBN：978-7-111-34934-1
定价：42.00元

内容简介

能力与岗位的匹配，特别是各层级管理者的能力与岗位的匹配，是一个从未解决的老问题。员工的不能胜任很大程度上是由于"被提升"，责任更多在于人力部门，虽然员工本人未能主动寻求改进也是原因之一。本书通过对六个典型的管理层级最经常出现的问题，从领导技能、时间管理、工作理念三个方面进行了分析，提出了改进建议。这些意见是有理也是有效的，本书倡导的"领导梯队模型"在100多家跨国企业的实践，已经表明了这一点。

"领导梯队模型"将从员工成长为首席执行官的管理历程划分为六个领导力发展阶段，每一阶段都要掌握特定的领导技能、时间管理能力和工作理念。第一阶段：从管理自己到管理他人，重点是从自己做事转变为带队伍做事的工作理念的转变；第二阶段：从管理他人到管理经理人员，关键技能是教练选拔人才担任一线经理；第三阶段：从管理经理人员到管理职能部门，需要学会新的沟通技巧以跨越两个层次与员工进行沟通；第四阶段：从管理职能部门到事业部总经理，重点是转变思考方式，从盈利和长远发展的角度评估计划和方案；第五阶段：从事业部总经理到集团高管，必须擅长评估资金调拨和人员配置的战略规划；第六阶段：从集团高管到首席执行官，必须具备重视外部关系的视角。在此基础上，提出了评估、诊断和改进的一整套工具。

领导者的每一次晋升，都需要在以下三方面实现转型：

领导技能——培养胜任新职务所需要的新能力，提升领导力；

时间管理——重新配置时间精力资源，决定如何高效工作；

工作理念——更新工作理念和价值观，让工作聚焦重点。

作者简介

拉姆·查兰是在全球范围内声誉卓著的公司董事会和CEO的咨询顾问，同时也是畅销书作者和杰出的教授。他对商业问题的深刻洞察，以及提出的实用解决方案深受企业领导者的推崇。

查兰在通用电气公司克劳顿维尔的"杰克·韦尔奇领导力发展中心"和沃顿商学院从事了30年的教学工作，获得过克劳顿维尔和西北大学凯洛格管理学院的最佳教师的荣誉称号。

查兰拥有哈佛商学院的MBA和DBA学位，获得贝克学者奖（Baker Scholar）。

斯蒂芬·德罗特尔是德罗特尔人力资源公司的首席执行官，该公司为全球范围内的众多客户提供高管继任计划、领导绩效和组织设计等服务。斯蒂芬在组织与管理方面拥有长达45年的经验。曾任通用电气公司组织与管理发展负责人，是通用电气继任计划系统的早期设计者与实施者之一。

詹姆斯·诺埃尔是一位独立咨询师和领导力教练。曾任乔治·华盛顿大学通识教育学院的助理院长，通用电气公司克劳顿维尔领导力发展中心高管培训和领导效能开发经理、花旗银行高管培训部门副总裁。同时，詹姆斯还是三本领导力书籍的合著者，其中包括《领导阶段》和《行动学习》，此外，他还是《Pfeiffer 2008年鉴：领导力开发》的合编者之一。